Com credibilidade
não se brinca!

Dados Internacionais de Catalogação na Publicação (CIP)
(Câmara Brasileira do Livro, SP, Brasil)

Com credibilidade não se brinca! : a identidade corporativa como diferencial nos negócios / Luciane Lucas (organizadora). – São Paulo : Summus, 2004.

Vários autores
Bibliografia
ISBN 85-323-0856-2

1. Administração de empresas 2. Comunicação na administração 3. Comunicação nas organizações 4. Comunicação nos negócios 5. Relações públicas – Planejamento I. Lucas, Luciane

04-2963   CDD-658.45

Índice para catálogo sistemático:
1. Comunicação corporativa : Administração de empresas 658.45

Compre em lugar de fotocopiar.
Cada real que você dá por um livro recompensa seus autores
e os convida a produzir mais sobre o tema;
incentiva seus editores a encomendar, traduzir e publicar
outras obras sobre o assunto;
e paga aos livreiros por estocar e levar até você livros
para a sua informação e o seu entretenimento.
Cada real que você dá pela fotocópia não autorizada de um livro
financia o crime
e ajuda a matar a produção intelectual de seu país.

Com credibilidade não se brinca!

A identidade corporativa
como diferencial nos negócios

LUCIANE LUCAS
(ORGANIZADORA)

summus
editorial

COM CREDIBILIDADE NÃO SE BRINCA!
A identidade corporativa como diferencial nos negócios
Copyright © 2004 by autores
Direitos desta edição reservados por Summus Editorial

Capa
Criação: **Carlos Zibel**
Execução: **Camisa10**

Projeto gráfico e diagramação: **Crayon P&PG**

Fotolitos: **All Print**

SUMMUS EDITORIAL

Departamento editorial:
Rua Itapicuru, 613 – 7º andar
05006-000 – São Paulo – SP
Fone: (11) 3872-3322
Fax: (11) 3872-7476
http://www.summus.com.br
e-mail: summus@summus.com.br

Atendimento ao consumidor:
Summus Editorial
Fone: (11) 3865-9890

Vendas por atacado:
Fone: (11) 3873-8638
Fax: (11) 3873-7085
e-mail: vendas@summus.com.br
Impresso no Brasil

Sumário

Prefácio **7**
Apresentação **11**
Introdução **15**

PARTE 1
Credibilidade: a crise é o melhor termômetro

CAPÍTULO 1
Comunicação empresarial e gerenciamento de crise:
uma abordagem de negócios **23**
Luciane Lucas

CAPÍTULO 2
Indicadores de gestão responsável da crise **67**
Luciane Lucas

PARTE 2
Ferramentas para a gestão da credibilidade

CAPÍTULO 3
O *clipping* como ferramenta estratégica da assessoria de imprensa **101**
Renata Utchitel

CAPÍTULO 4
Entidades empresariais: relações públicas
na criação de ambientes de negócios **131**
Anderson Ortiz

CAPÍTULO 5
Uma nova proposta para a comunicação dirigida nas empresas. **169**
Ricardo Benevides

CAPÍTULO 6
Pesquisa de mercado e de opinião: otimizando
as oportunidades no cenário de negócios **193**
Janete Oliveira

Prefácio
RICARDO FREITAS

> [...] a comunidade é [...] um teto sob o qual nos abrigamos da chuva pesada, como uma lareira diante da qual esquentamos as mãos num dia gelado. Lá fora, na rua, [...] temos que estar alertas quando saímos, prestar atenção com quem falamos e a quem nos fala, estar de prontidão a cada minuto.[1]

O HOMEM CONTEMPORÂNEO vive em estado de emergência. No cotidiano, ele é induzido a privilegiar o deslocamento, o trajeto, em detrimento da permanência nos lugares, o que o leva a sentir-se cada vez mais vulnerável e, portanto, a necessitar de proteção. O excesso de informações e o estresse urbano presentes na maioria das grandes cidades do planeta evidenciam um quadro de alta ansiedade entre as pessoas que eleva a comunicação social ao duplo papel de algoz e salvadora. Ao mesmo tempo que escancaram a miséria humana, as técnicas de comunicação colaboram com a consolidação de valores de cidadania muitas vezes responsáveis pelo fortalecimento de comunidades de diversas naturezas. Diante desse quadro paradoxal, as práticas do mundo empresarial devem estar diretamente conectadas aos assuntos geradores dessas comunidades. Isso significa lidar com novos paradigmas que considerem o cidadão o elemento mais importante de qualquer projeto empresarial. Para que se aprofundem as relações entre os homens por intermédio das empresas, é necessário que o mercado divulgue os produtos de seu capital intelectual. Na área de comunicação, há boas contribuições que, baseadas na experiência profissional, permitem uma leitura crítica sobre os nossos tempos. Porém, isso não acontece igualmente entre todas as habilitações da comunicação social. As relações públicas, por exemplo, ainda carecem de coragem acadêmica no Brasil. Apesar da grande colaboração de importantes autores brasileiros, é necessário que mais pensadores e

---

[1] BAUMAN, Z. *Comunidade*. Rio de Janeiro: Zahar, 2003, p. 7.

profissionais se manifestem nos meios científicos de forma a fortalecer a área como respeitado campo teórico.

Esse patamar só poderá ser alcançado se houver estímulo permanente à reflexão sobre as práticas contemporâneas em prol da ética e da dignidade das relações públicas. Tal atenção deve fazer parte do cotidiano de empresários e executivos em instituições de qualquer natureza, sejam públicas, ONGs ou privadas. Um dos motivos dessa necessidade reside no fato de a comunicação social estar povoada de grandes magias que mascaram, muitas vezes, os verdadeiros objetivos do planejamento de comunicação. Sabemos, hoje, que as empresas são mais competitivas no mercado quando atrelam transparência às práticas cotidianas da produção. Dessa forma, elas podem chegar aos públicos necessários sem fazê-los cair em uma série de armadilhas de falso marketing, o que, como sabemos, afasta em vez de aproximar. A proposta deste livro passa por essa discussão: todos os artigos tratam de assuntos do mercado, guardando um olhar especial sobre os pilares éticos que embasam as atividades.

No Brasil, são percebidos alguns movimentos de vanguarda na comunicação organizacional e nos demais campos das relações públicas, que valorizam questões como gestão de crises corporativas, pesquisa de opinião e de mercado, assessoria de imprensa, responsabilidade social, comunicação dirigida, entidades empresariais, entre outros. Esta coletânea, competentemente organizada por Luciane Lucas, traz artigos de profissionais que discutem esses pontos à luz do mercado empresarial e das teorias da comunicação e do marketing. A organizadora, que também assina a primeira parte desta obra, é uma das grandes intelectuais da área de relações públicas no Rio de Janeiro. No caso deste livro, nota-se a marca deixada por Luciane Lucas nos artigos escritos por seus ex-alunos, hoje autores convidados. São profissionais expressivos que apresentam novos valores e metodologias à prática da comunicação social. Cada texto discute interessantes paradigmas que podem facilitar o planejamento estratégico das organizações pós-industriais.

As empresas não podem trabalhar à sombra do poder do público. Interpeladas constantemente pela opinião pública, elas são obrigadas a se mostrar e, portanto, a integrar a comunicação social nas suas estratégias mercadológicas e de gestão. Considerando que o direito à informação é uma das características mais fortes das sociedades democráticas contemporâneas, nenhuma organização sobrevive nesse regime se não estabelecer uma política de comunicação forte e positiva que possibilite sua inscrição na história da sociedade de maneira consistente. Esse panorama implica a valorização das comunicações internas e externas e a permanente atualização das tecnologias de ponta.

As estratégias de comunicação organizacional e de marketing tentam, nessa linha de pensamento, acionar afirmativamente todos os públicos das maneiras mais diversas, a fim de fixar a marca da empresa. Essa tarefa, como sabemos, não é fácil. Com a proliferação de meios e mensagens no cotidiano urbano, conseguir a fidelidade do cliente é um grande desafio que só pode ser vencido com análises estratégicas a cada momento do planejamento de comunicação. Os profissionais de relações públicas têm demonstrado grande competência para lidar com esse quadro de ultra-rapidez nas informações, porém as investidas acadêmicas nem sempre têm conseguido acompanhar teoricamente essa evolução. Evidentemente, estamo-nos reportando aqui ao lugar de excelência acadêmica que reivindicamos à área de relações públicas e também à teoria da comunicação. Para isso, é interessante nos remetermos à epígrafe de Bauman que discute a segurança, a proteção, como aspecto essencial aos nossos tempos, sendo um dos maiores componentes da fundação das comunidades contemporâneas. Cabe às relações públicas estabelecer os procedimentos comunicacionais para que os públicos tenham sempre a confiança na organização. Para isso, ela deve conseguir conquistar o *status* de comunidade nas relações com seus públicos. No século XXI não é mais possível trabalhar com a hipótese de a comunidade ser somente um dos públicos de uma instituição. Mais do que isso, atualmente, a comunidade é um conceito maior que deve ser percebido de maneira harmônica. São redes de pessoas ligadas entre si por algumas características comuns. Os programas de fidelidade são um bom exemplo desse novo conceito de grupo; nesse caso, tanto funcionários como clientes fazem parte de uma mesma tribo que pretende, simplesmente, continuar junta. Estabelecer efetivos laços de confiança é, portanto, um dos maiores desafios do profissional de relações públicas a cada planejamento de comunicação de alcance externo ou interno.

Nesta coletânea, podemos aprofundar essas discussões por meio dos olhares e das palavras de autores jovens que estão na linha de frente de empresas nacionais e multinacionais. As contribuições são arejadas e estabelecem bons diálogos entre o pensamento e a prática na contemporaneidade, reflexo da boa formação acadêmica que receberam. Os textos estão tratados com rigor, abordam questões fundamentais a homens de negócios e oferecem uma leveza teórica raramente conseguida em livros escritos por vários autores. A organização de Luciane Lucas prima pela redação bem organizada e instigante. Trata-se de uma obra importante a todos aqueles que se interessam pelos assuntos da comunicação social e do marketing.

Apresentação
LUCIANE LUCAS

HAVIA ALGUM TEMPO eu alimentava o desejo de deixar registrado um pensamento muito próprio que venho formando sobre a comunicação empresarial ao longo destes treze anos de contato com a área. Algumas dessas idéias tive a oportunidade de levar para a sala de aula e para o mercado. E foi no espaço da sala de aula, nos últimos dez anos, que coloquei em laboratório certos conceitos e argumentos, que vejo agora se difundirem através de gerações de ex-alunos – hoje, profissionais bem colocados no mercado de trabalho, à frente de posições estratégicas em suas empresas. Não há nada, certamente, que me dê mais prazer ou orgulho do que perceber os traços dessas reflexões, bem como os resultados produzidos.

Este livro, aliás, é um desses resultados. Voltado primordialmente para executivos e profissionais da área de comunicação, trata-se de um trabalho prático, preocupado em abordar o *how to do*, sem esquecer de fundamentar as soluções apresentadas com argumentos sólidos – ou seja, explicar os motivos para levar adiante algumas ações sugeridas (*why to do*).

Afora seu valor intrínseco, esta obra foi organizada por três motivos principais. O primeiro é que, com esta iniciativa, disponibiliza-se algo novo na produção de conhecimento sobre relações públicas. Se o livro traz casos e estatísticas, também aborda novas ferramentas e reflexões sobre o modo contemporâneo de resolver antigos problemas, sobretudo aqueles relacionados com o mundo dos negócios. Acredito, e penso que os demais autores deste livro também, na germinação de um novo viés para a área, mais pragmático e menos assustado com as articulações possíveis entre o institucional e o mercadológico. Mas que assimile com responsabilidade, é claro, novas causas e temáticas, como a saúde, a gestão ambiental e os projetos sociais que evidenciam soluções para graves problemas.

Este grupo de novos pensadores que apresento aqui não vê o institucional como uma antítese do mercadológico. Ao contrário. O que não se legitima – e isto sim é fundamental – é um pensamento que se coadune com uma postura que não seja socialmente responsável. Porém, responsabilidade social vai além de projetos que as empresas possam apoiar e sugerir; antes, implica o comportamento ético e responsável diante das diferenças e, em termos práticos, a abertura para o diálogo e a negociação com os *stakeholders*. Implica lisura e transparência nas posturas cotidianas diante de funcionários, fornecedores, revendedores e outros parceiros da cadeia produtiva, clientes e acionistas. Nesse sentido, responsabilidade social e filosofia de relações públicas são questões de uma mesma temática, e é com satisfação que vejo alunos e ex-alunos assimilarem esta preocupação – a de disseminar, dentro dos seus espaços de trabalho, o cuidado quanto às posturas empresariais cotidianas e seu reflexo na construção de uma sinergia com os públicos-alvo de uma organização.

Este livro se justifica, também, por ser a oportunidade de expressão desses "novos valores", o que de modo algum diminui a profundidade dos textos que aqui seguem. Ao contrário, destes e de novos outros talentos – espalhados anonimamente pelas universidades do país – é que certamente sairá o novo escopo das relações públicas, que a cada dia se transforma mais. Por fim, e esta não é a razão menos importante, escrevo este livro como uma resposta amorosa àqueles que tornaram possível a testagem de novos modelos para a comunicação empresarial – meus alunos de Relações Públicas da Uerj, com quem tive a oportunidade de trocar experiências fartamente enriquecedoras ao longo da última década. Também cabe aqui uma menção importante e carinhosa a turmas e alunos na Universidade Gama Filho – alunos de Publicidade, Relações Públicas e Administração, com quem tive a oportunidade (ainda que breve) de conviver e dividir idéias.

O livro está dividido em duas partes. A primeira, intitulada "Credibilidade: a crise é o melhor termômetro", discute uma proposta de ação para as crises corporativas, entendendo que a postura diante da crise é um dos melhores termômetros para medir o nível de credibilidade de uma organização. Também, nesta parte, são publicados os Indicadores de Gestão Responsável de Crise (IGRC), criados por mim sob a inspiração dos Indicadores Ethos de Responsabilidade Social Empresarial (versão de 2002). São vinte indicadores; os onze primeiros permitem uma análise prévia e o acompanhamento geral das posturas corporativas em situações de crise, enquanto os demais são de aplicação específica para o setor produtivo, abordando situações como acidentes durante transporte de químicos, vazamento de aterros sanitários e contaminação do meio ambiente com resíduos industriais, entre outros problemas.

Na segunda parte do livro, intitulada "Ferramentas para a credibilidade", apresento a contribuição valiosíssima de alguns profissionais da área, hoje à frente da comunicação em empresas e universidades do Rio de Janeiro. Todos os artigos assinados na segunda parte do livro foram escritos por ex-alunos meus da Universidade do Estado do Rio de Janeiro (Uerj). Exceção feita à colega Janete Oliveira, companheira do Laboratório de Pesquisa da Uerj, a quem muito respeito e tomo a liberdade de convocar para este projeto dada a qualidade de seu trabalho. Esta obra foi, portanto, uma forma de trazer à tona essa produção polifônica e anônima – cuja voz já se faz ecoar nas inúmeras organizações e empresas do Rio de Janeiro.

Abordando temas variados – o *clipping* como ferramenta estratégica, o planejamento da comunicação em entidades empresariais, as ferramentas de comunicação dirigida e as aplicações da pesquisa de opinião –, o livro em questão constitui um mosaico que, embora rico, gira em torno de um mesmo eixo temático: *a importância estratégica do conceito corporativo para um resultado mercadológico e institucional fundamentalmente sólido*. Diferentemente de algumas abordagens convencionais de relações públicas – que algumas vezes insistem em reafirmar o caráter meramente institucional de RP, deixando para o marketing a tarefa de tecer o fundamento retórico para as estratégias de fidelização –, o que vocês encontrarão neste livro certamente vai contra a corrente. Para os autores, entre os quais me incluo, as relações públicas se inserem essencialmente no contexto mercadológico e seu discurso – naturalmente institucional – em nada antagoniza com o marketing. Nem mesmo fica estático a seu lado; ao contrário, com ele se mistura e realiza trocas. Em outros termos: as relações públicas hoje se posicionam de modo central nas questões corporativas porque simplesmente tudo que puder ser traduzido como oportunidade de conquista ou consolidação de mercado depende, invariavelmente, do conceito que as empresas conseguem formar e fundamentar sobre si. Sendo a credibilidade o argumento mais forte hoje em dia para um posicionamento mercadológico de fato competitivo, é de esperar que as relações públicas – como a área de conhecimento que lida diretamente com a imagem institucional – cresçam progressivamente no Brasil.

Tenho ouvido muita gente dizer que é preciso trocar o nome da profissão. Bobagem. As relações públicas, quer chamem de governança corporativa, comunicação institucional, relações com o mercado, relações institucionais ou coisa que o valha, permanecem em um lugar privilegiado dentro da comunicação. Isso porque os profissionais do futuro – e uma parcela destes está aqui representada – sabem que de fato o que há de mais valioso na profissão que escolheram não é, de modo algum, o fazer mecânico dos famosos "instrumentos de RP", mas principalmente a aplicação de RP como filosofia corporativa – esta sim capaz de promover mudanças substanciais no modo de proceder das organizações. É deste lugar que os autores aqui presentes falam: não do que por convenção os livros atribuíram às relações públicas, mas do que, enquanto fundamento, transforma essa profissão na profissão do milênio.

RIO DE JANEIRO, MAIO DE 2004

INTRODUÇÃO
O que as andorinhas ensinam sobre vizinhanças e parcerias[1]
LUCIANE LUCAS

UM DOS GRANDES problemas na área de Relações Públicas é que ela não conseguiu firmar suas pernas ainda, e definitivamente – apesar de todo seu potencial para fazê-lo –, no campo dos negócios. O assunto não é discutido com todas as letras, mas é fato sabido que o mercado ainda tem resistência e um entendimento pouco claro quanto ao termo "Relações Públicas". Em outras palavras: à área de RP não foi dada a oportunidade de atravessar o âmago das questões consideradas de fato relevantes para a sobrevivência das empresas.

A afirmação é polêmica, mas o objetivo é mesmo suscitar a reflexão. Para os que pensam que a área está em baixa, devo dizer que há aí um grande equívoco – nunca, como hoje, as relações públicas tiveram tanta oportunidade de crescimento. Há não só um número significativo de filiais de grandes consultorias multinacionais e agências de RP desembarcando no país, como os números apontam, ainda, para um crescimento anual de 31% no mundo e de 15% só no Brasil. Em termos numéricos, então, o segmento não poderia estar melhor.

Entretanto, embora os números comprovem que a área está em crescimento, os argumentos utilizados pelo campo conceitual de RP precisam ser urgentemente revisados, já que eles não se mostram suficientemente firmes para conscientizar o executivo médio de que certas ações são necessárias. Curiosamente, ele – o

---

[1] Este texto foi publicado originalmente como artigo na revista *Brazilian Business*, da Câmara de Comércio, na edição de abril de 2003.

executivo – empreende algumas destas ações, sabendo que não há outra alternativa para sobrevivência no mercado. O que ele não sabe é que a articulação em torno da credibilidade do negócio e do fortalecimento dos laços com os agentes da cadeia produtiva recebe o nome de Relações Públicas. Também desconhece que desta área podem surgir diagnósticos substanciais sobre os pontos de estrangulamento do seu negócio – em função dos problemas com funcionários, clientes, imprensa, fornecedores, distribuidores e varejistas. Ponto para reflexão: por que será que ele não sabe? Onde será que está falhando a comunicação?

As possibilidades de contribuição estratégica para o campo dos negócios não param aí. O gerenciamento de conflitos internos e externos – que minam a saúde das relações corporativas – e a adequação de processos que afetem o nível de satisfação do consumidor/cliente são igualmente assuntos da competência das Relações Públicas. Não estamos falando mais da mera apuração das opiniões, mas de uma preocupação prévia em identificar tendências que possam apontar para certos comportamentos futuros do consumidor. Como trabalhar para que ele não considere a hipótese de abandonar a empresa, por níveis crescentes, e nem sempre identificáveis, de satisfação?

O que as empresas têm descoberto é que a insatisfação do cliente nem sempre é resolvida com um SAC eficiente ou uma política de atendimento VIP. Há questões mais profundas que dialogam, antes, com uma logística deficiente, um gerenciamento assincrônico da cadeia de suprimentos ou uma comunicação ineficaz com os elos da cadeia produtiva. Não é sempre que os pontos de estrangulamento ficam à mostra – a bem da verdade, quase sempre eles são a parte invisível e corpulenta do *iceberg*.

Imaginemos a seguinte situação: uma empresa do setor alimentício sabe que tem de promover rígido controle do "leite" que compra de seus fornecedores, já que a qualidade da matéria-prima utilizada afeta diretamente a qualidade do produto que fabrica. Nesse caso, soa óbvio que a empresa em questão deve importar-se com a produção do seu vizinho – o fornecedor – e, em termos de *management*, deve buscar sincronizar as duas atividades. Assim, ele não só assegura o recebimento *just-in-time* do leite para a sua produção — de forma que não falte mercadoria nas prateleiras — como também garante ao consumidor final o recebimento de um produto rigorosamente dentro de certas especificações. Embora as instâncias de atendimento ao cliente sejam uma conquista inquestionável, é a orquestração devida dessa dinâmica fornecedor–indústria–distribuição–revenda–cliente que vai criar condições para os níveis de excelência, alcançados ou não, na satisfação do consumidor final. E, conseqüentemente, é daí que virão os resultados mercadológicos positivos. **Conclusão número um:** o entendimento dos pontos de estrangulamento na relação com os agentes da cadeia produtiva e o fortalecimento, pela comunicação, desses elos constituem diferencial competitivo. O institucional, portanto, produz reflexos significativos no mercadológico. **Conclusão número dois:** a questão não termina em publicações dirigidas ou eventos, produzidos para aumentar a superfície de contato entre empresas e parceiros. Estes são alguns instrumentos possíveis, mas a questão vai além disso, já que se trata de pensar, globalmente, estratégias e ações que sustentem uma posição de abertura para a sintonia de interesses. As ferramentas de negociação não são ilegítimas e o termo precisa perder o seu cunho "maldito". O estilo de negociação ganha-ganha parece ser a única plataforma possível para que empresas possam, efetivamente, chamar-se parceiras.

E onde entram as Relações Públicas neste contexto? Bem, as Relações Públicas deixaram, há muito tempo, de ser um conjunto de ferramentas e ações voltadas para gerar o chamado "clima de boa vizinhança", que alguns preferem denominar política de *good will*. Talvez estes termos necessitem, hoje, de uma recontextualização, já que as parcerias no mundo dos negócios demandam mais que a prerrogativa de ser um bom vizinho. Do vizinho a gente espera que seja educado, que diga bom-dia e seja solidário nas horas críticas. Do parceiro, a gente espera que tenha metas compartilhadas, que contribua para repensar o negócio e nos ajude a atingir níveis de excelência cada vez maiores. Enfim, do parceiro a gente espera *comprometimento*.

O pensamento de Relações Públicas, hoje, tem contribuições significativas a dar ao campo dos negócios, começando por traduzir-se não mais em ações esparsas de comunicação, mas antes funcionando como uma filosofia corporativa a disseminar-se por toda a empresa – se ela de fato quiser fomentar a parceria como palavra de ordem no cenário dos negócios. Quando uma empresa, como a do exemplo citado, investe em programas de qualificação do produtor de leite, ela não o faz por benemerência ou generosidade, mas porque entende a importância de acompanhar de perto a atividade do parceiro, sob pena de colocar em risco seu produto. Quando uma empresa investe na certificação de fornecedores locais ou no estreitamento de laços com a cadeia varejista, o faz porque sabe quanto o resultado desses empreendimentos contribuirá para a saúde do seu negócio. No primeiro caso, a parceria com fornecedores locais pode significar menores intervalos entre um ciclo de produção e outro, premiando o cliente com produtos *up-to-date*. No segundo caso, os varejistas não só funcionam como ponto de contato com o consumidor final como ainda se constituem no cliente direto da indústria. Saber o que vende e o que não vende, bem como os níveis de estoque do varejo, pode ser a diferença entre sobreviver ou não em mercados cada vez mais globais e competitivos. A comunicação passa a ser o que dá liga aos ingredientes do bolo, o que cimenta as relações entre parceiros.

As Relações Públicas, neste caso, contribuem para garantir a ética e o tom socialmente responsável nas posturas corporativas do dia-a-dia – e são estas que conferem credibilidade às organizações. Sua função é, em última análise, suscitar a palavra de ordem *comprometimento* e fazê-la reverberar por todas as áreas da organização. Não como mera técnica de comunicação, mas como filosofia empresarial. Aos que durante décadas atribuíram ao campo das Relações Públicas o papel de maquiagem e pirotecnia, uma resposta: não é disso que trata a área. Diagnósticos corporativos, gerenciamento de conflitos, adequação de processos e mapeamento constante dos índices de credibilidade são as plataformas de trabalho que a sustentam atualmente. Mas como uma andorinha só não faz verão, não se espera que um profissional solitário ou mesmo um departamento de comunicação consiga revolucionar as relações entre uma empresa e seus *stakeholders*. Espera-se, entretanto, que ele – o profissional de RP – possa lançar sementes. Reformulando o adágio popular: uma andorinha só não faz verão, mas sinaliza que os ventos são ventos de mudança.

PARTE 1

Credibilidade: a crise é o melhor termômetro

CAPÍTULO 1
Comunicação empresarial e gerenciamento de crise: uma abordagem de negócios
LUCIANE LUCAS

> O que é, exatamente por ser tal como é, não vai ficar tal como está.
> Bertold Brecht

Credibilidade: quem sobrevive sem ela na arena de negócios?

O MERCADO DA COMUNICAÇÃO tem se tornado progressivamente mais complexo. Percebe-se hoje que os problemas corporativos demandam soluções para verdadeiros impasses, que podem implicar desde a queda significativa de pontos percentuais em determinados mercados até danos irreversíveis na imagem empresarial. Para os que pensam que a redução do *market share* é, de longe, mais grave do que os arranhões no conceito corporativo, uma dica: esse é o caminho mais rápido para comprometer o resultado, inclusive mercadológico, no mundo dos negócios.

Em um mercado mundial em que certificações de qualidade na produção se tornaram prerrogativa básica para competir e no qual produtos se assemelham cada vez mais, a credibilidade se torna o diferencial competitivo por excelência. Certamente haverá quem argumente que a solução está na força das marcas, mas cabe aqui um lembrete: a marca não se sustenta sozinha, por maiores que sejam os investimentos publicitários; ela precisa estar amparada por posturas empresariais cotidianas que a potencializem, cuidando para que situações internas ou externas não comprometam seu vigor. Uma marca de peso que seja acusada de exploração do trabalho infantil, por exemplo, certamente sabe quanto uma denúncia dessa natureza pode arriscar os números azuis do seu relatório anual.

Por trás das marcas que ganham relevância na mente dos consumidores, a credibilidade da empresa que as administra pode funcionar como alavanca dos negócios ou como calcanhar-de-aquiles. Ignore-se o valor das declarações de funcionários e ex-funcionários em matérias jornalísticas sobre determinada empresa e o efeito cascata na opinião pública e nos *targets* principais logo se fará sentir. Ignore-se o poder devastador da acumulação de reclamações nos SACs – acreditando que sua função se restrinja a gerar relatórios para a produção e a apagar incêndios por conta de consumidores inflamados – e esse descuido poderá significar, em pouco tempo, ganhos percentuais do concorrente.

O argumento é simples: uma estrutura de rede agrega os elos da cadeia produtiva, de modo que o produto final que uma empresa disponibiliza no mercado sofre influência direta de fatores exógenos que podem contribuir para seu sucesso ou seu fracasso. Atrasos ou descuidos na matéria-prima adquirida, canais varejistas despreparados para comercializar produtos/serviços e ausência de uma logística eficiente que orquestre *a interface* entre estoque, produção, distribuição e vendas são pontos que, uma vez ignorados, comprometem o resultado mercadológico de qualquer empresa. E, é claro, minam progressivamente o nível de confiança que clientes e *prospects* têm na qualidade do serviço prestado. Do ponto de vista da comunicação, esses "gargalos" apontam para a urgência de uma política de relacionamento mais sinérgica com os *stakeholders*[1] da companhia. Não se trata de uma questão de boa vontade, mas de sobrevivência e resultado no mundo dos negócios, na medida em que o fluxo de comunicação entre esses elos, o nível de compromisso e o compartilhamento de metas podem influenciar a condição de satisfação do consumidor final.

---

1 Segundo os *Indicadores Ethos de Responsabilidade Social Empresarial*, stakeholders de uma companhia são as "partes interessadas", os "diversos grupos envolvidos com seus negócios". INSTITUTO ETHOS DE EMPRESAS E RESPONSABILIDADE SOCIAL. *Indicadores Ethos de Responsabilidade Social Empresarial*. São Paulo, 2002, p. 8. Em última instância, seria um termo com sentido semelhante à noção de público-alvo em relações públicas.

Cabe lembrar que essa rede não liga apenas os elementos da cadeia produtiva, mas se estende também a outros grupos de interesse. Entre eles estão, por exemplo, os acionistas, cujos investimentos também são fundamentais para sustentar economicamente os programas de valorização funcional, responsabilidade social e qualidade na produção que as empresas implementam. Não é à toa que o termo *governança corporativa*[2] – prática empresarial em que a política de relacionamento com o acionista ganha evidência – vem ganhando um número cada vez maior de adeptos entre os executivos. Estudo recente da Bolsa de Valores de São Paulo (Bovespa) mostra que a adoção das práticas de governança corporativa pode agregar valor às ações das empresas negociadas nas bolsas: "com o aumento da transparência, as ações passaram a valer mais, a volatilidade caiu e o volume de negócios cresceu"[3], concluiu a pesquisa.

Que ninguém pense, no entanto, que o assunto é simples. O tema implica uma série de mudanças nas bases da relação com investidores, e, uma vez mapeados os interesses conflitantes em jogo, a semelhança com um vespeiro não é mera coincidência. Se o balanço e o relatório anuais continuam sendo importantes instrumentos de prestação de contas, os cuidados corporativos redobram para que eles não se transformem em mera "informação para acionista ver". A quebra de uma empresa americana absolutamente sólida aos olhos da opinião pública – a Enron –, o efeito dominó disso (com outras empresas de nome sendo acusadas de fraude) e as severas medidas restritivas no mercado financeiro americano por conta desses escândalos deixaram as empresas cientes do perigo de pintar de azul os números vermelhos e dos riscos de só se lembrar dos acionistas na hora em que os investimentos se tornam imprescindíveis. Em artigo publicado no jornal *Valor Econômico*, Nelson Niero dá uma

---

2 Em artigo da *Gazeta Mercantil*, João Bosco Lodi define governança corporativa como "um novo nome para o sistema de relacionamento entre acionistas, auditores independentes e executivos da empresa, liderado pelo conselho de administração". Ver: LODI, João Bosco. O despertar da Governança Corporativa. *Gazeta Mercantil*, 27 abr. 2000.
3 MILANESE, Daniela. Estudo diz que ações ganham com transparência. *O Estado de S. Paulo*, 8 nov. 2002.

breve descrição da situação e mostra por que a governança corporativa se tornou uma alternativa praticamente irrecusável:

> De repente, aqueles acrônimos cheios de glamour e de dinheiro perderam o brilho. Alguns CEOs e CFOs – os diretores-executivos e financeiros, em bom português – saíram das capas das revistas semanais de economia e finanças para as páginas policiais. E, se as novas regras forem aplicadas com o rigor prometido, outros poderão ter o mesmo destino. Os executivos, depois da lei Sarbanes-Oxley, aprovada em julho de 2002, têm que garantir por escrito o que publicam nos seus balanços. E o impacto não se restringe aos profissionais americanos. Apesar de ainda não estar claro como será a aplicação de alguns aspectos da lei para empresas estrangeiras com papéis negociados nos EUA, parece não haver dúvidas de que o executivo terá de responder pessoalmente pelos atos da empresa.[4]

Isso implica dizer que uma política de relacionamento com investidores não pode se restringir à divulgação de seus resultados em pequenas e bem cuidadas brochuras de papel cuchê. Mais do que uma descrição apresentável do balanço e do relatório anual – por conta da preocupação de mostrar aos acionistas os investimentos da companhia em programas sociais e de qualidade de vida –, a política com acionistas demanda, antes, uma série de posturas na condução desse relacionamento: rigor nas auditorias externas e na prestação de contas (*accountability*), transparência absoluta nas decisões relevantes (como no caso de fusões e aquisições), maior integração de acionistas minoritários no processo de gestão e redução dos atritos entre alta administração, acionistas minoritários, empregados e potenciais investidores.

Eis um momento oportuno para que a área de Assuntos Corporativos – dotada de um caráter estratégico – fundamente suas políticas em uma filosofia de relações públicas, não só mapeando os índices de credibilidade da empresa no mercado financeiro como revendo posturas cotidianas na interface com os investidores. Ao

---

[4] NIERO, Nelson. Operações em mar revolto. *Valor Econômico*, 31 mar. 2003.

contrário do que muitos empresários costumam pensar, não há como atribuir pesos diferentes ao acionista e aos demais *stakeholders* sem sofrer os danos dessa miopia. Os investimentos são necessários para que se implemente uma série de programas, mas eles só aumentam na proporção em que há transparência nas políticas empresariais e maiores condições de participação na gestão do negócio.

Mas que as empresas não se iludam, pensando que programas para investidores garantirão, por si sós, balanços anuais saudáveis. As pressões da comunidade e da opinião pública – por ausência de uma postura transparente em questões polêmicas – podem produzir, igualmente, sérias conseqüências na atuação de uma empresa. Basta ver os desdobramentos de alguns episódios com grandes corporações. O caso dos anticoncepcionais de placebo, em 1998, envolvendo uma empresa gigante do ramo farmacêutico, e a denúncia sobre riscos de Aids em hemofílicos por ingestão de remédios contaminados, responsabilidade atribuída recentemente a outra gigante do setor, são dois exemplos que ilustram bem como o descuido com os consumidores e a opinião pública pode simplesmente tornar sem sentido os pesados investimentos em marketing e comunicação. Alguém duvida do impacto que a Schering do Brasil sofreu em sua credibilidade, após a constatação de que existiam pílulas Microvlar feitas de farinha? E do efeito exponencial em sua imagem quando, em vez de terem sido incineradas, as mesmas pílulas seguiram para os balcões das farmácias?

Uma crise de credibilidade parece afetar o setor. Só no Brasil, dois casos tiveram significativa repercussão – as 22 mortes causadas pelo Celobar[5], medicamento administrado para contraste em

---

5 O Laboratório Enila, fabricante do Celobar, foi acusado de alterar a fórmula do produto sem permissão, utilizando carbonato de bário, altamente tóxico, na composição do medicamento. O diretor da empresa argumentou na época que a contaminação ocorreu por acidente, o que não foi confirmado nos últimos testes: "a versão de que a contaminação do medicamento Celobar ocorreu de forma acidental, por resíduos que não teriam sido lavados do equipamento do fabricante, perdeu força com o laudo final da Fiocruz. A análise aponta a presença de 14% de carbonato de bário, substância usada em veneno para ratos, em uma amostra de 100 gramas do remédio". Mais informações, ver: INTOXICAÇÃO: remédio tinha 14% de substância venenosa. *Folha de S.Paulo*, 13 jun. 2003.

exames de raios X, e os 23 casos de vítimas graves da metilcelulose, medicamento utilizado em cirurgias de catarata. Só no Instituto Benjamin Constant, treze pessoas foram infectadas, das quais algumas ficaram totalmente cegas[6].

O problema, a bem da verdade, parece ignorar fronteiras: em maio de 2003, graves denúncias se voltaram contra a Bayer alemã, acusada de vender, nos anos 1980, na Ásia e na Argentina, um medicamento para hemofílicos com alto risco de transmissão do vírus HIV. Segundo o *The New York Times*, que teria feito a denúncia, a Bayer "vendia um produto novo, mais seguro, na Europa e na América do Norte [e] teria se desfeito de grandes quantidades do produto coagulante, cada vez mais difícil de ser comercializado nos EUA e Europa"[7]. Esta não é a única acusação que pesa sobre a Bayer. A empresa vem pagando somas consideráveis de indenização por conta dos 7,8 mil processos que responde, relacionados com o medicamento Baycol – só retirado das prateleiras depois das mais de cem mortes que causou. Soa óbvio que um fato como esse pode provocar arranhões consideráveis no posicionamento da empresa, colocando em risco as valiosas conquistas de *share of mind*. Uma pergunta terrível e imediata incute dissonância na leitura do lema que a Bayer tão rigorosamente construiu: se é Bayer, continua bom?

Crises externas: como lidar com elas?

AÇÕES CORPORATIVAS que arriscam a credibilidade de uma organização – postura *low-profile* em relação à mídia, incidência em erros e negligência com procedimentos de segurança – causam arranhões profundos na imagem, à medida em que denotam ausência de uma política de responsabilidade social. Nessas horas, os

---

6 Para mais informações sobre a metilcelulose contaminada, ver: DESCOBERTAS mais 13 vítimas de colírio. *Jornal do Brasil*, 19 jun. 2003.
7 HEMOFILIA: Bayer nega venda de remédio com HIV. *Jornal do Commercio*, 23 maio 2003. Para mais informações sobre o Baycol, consultar: BAYER teve prejuízo de € 412 milhões em 2002, *Gazeta Mercantil*, 14 mar. 2003.

inúmeros projetos patrocinados pela empresa não são suficientes para salvar sua reputação.

É que responsabilidade social não se mede por número e variedade de projetos, mas por uma preocupação constante da empresa em prestar contas aos grupos sociais que com ela se relacionam, abrindo espaço para discussão de caminhos alternativos quando há impasse e sendo transparente mesmo quanto às imperfeições. Cabe observar que não são os interesses divergentes que comprometem o desempenho de uma companhia, mas a sua tentativa de fazer isso por meio de um discurso facilitador. A comunidade não só tem acesso, mais cedo ou mais tarde, às informações corretas, como se volta contra a empresa.

Contabilizar apenas os prejuízos causados diretamente a um grupo é também outra grande armadilha: uma vez que um episódio deslancha, ele gera conseqüências nem sempre previsíveis nos demais públicos. Basta lembrarmos o recente episódio, em 2003, envolvendo a Cataguazes Indústria de Papel. Ao provocar uma mancha tóxica por conta do processo químico de branqueamento do papel, a Cataguazes gerou um dos maiores acidentes ecológicos dos últimos tempos. Por conta de quase 1,2 bilhão de litros de resíduos tóxicos que vazaram do reservatório da fábrica, os rios Pomba e Paraíba do Sul foram contaminados, comprometendo o abastecimento de água no estado do Rio de Janeiro e causando, além dos danos ecológicos, graves prejuízos na vida da população local nos municípios vizinhos a Cataguases, em Minas Gerais. Essas comunidades não só se viram sem condições de utilizar a pesca como meio de alimentação e de trabalho, como sofreram indiretamente com a perspectiva de fechamento da fábrica, já que isso implicaria a demissão de uma média de 280 pessoas; a maioria, evidentemente, moradora de Cataguases ou dos municípios vizinhos.

Em um cenário como esse, não bastaria a Cataguazes apoiar a comunidade local onde o acidente ocorreu, mesmo porque os efeitos do lixo tóxico se fizeram sentir muito mais longe. Assumir a responsabilidade pelo dano em vez de se colocar numa posição defensiva – como fizeram os executivos da indústria, atribuindo aos antigos donos a responsabilidade pelas condições da fábrica – é um primeiro passo importantíssimo. Se uma empresa, nessa situação, estabelece de antemão sua cota de responsabilidade e se predispõe a minimizar os efeitos concretos que causou, informando permanentemente seus passos na busca de soluções, duas coisas acontecem:

1   as sucessivas acusações na mídia já não têm a mesma força perante a opinião pública, na medida em que a empresa assume publicamente a responsabilidade pelo acidente;
2   o ponto-limite entre fechar ou não as portas fica por conta do histórico de relacionamento entre a empresa e as comunidades, bem como das ações concretas para minimizar o impacto na vida da população.

Por ações concretas, entenda-se prestar assistência, inclusive alimentícia, à comunidade local e aos municípios vizinhos atingidos pelo acidente. Ao mesmo tempo, ter uma atitude proativa para advertir a população dos riscos de utilização da água contaminada. No episódio da Cataguazes, houve quem se alimentasse dos peixes envenenados do Paraíba do Sul, alegando ingenuamente que água limpa e limão seriam capazes de desinfetá-los. Ao que tudo indica, os dirigentes da Cataguazes apenas pensaram em defender-se contra a multa de R$ 50 milhões, ignorando as conseqüências que um acidente dessa proporção poderia ter caso pessoas da comunidade morressem envenenadas pelo lixo tóxico. Hipótese, aliás, ainda não totalmente descartada, pois as primeiras análises de sedimentos dos rios Pomba e Paraíba do Sul acusaram a presença de dioxina, uma substância tóxica que tem efeito cumulativo no corpo e é cancerígena[8].

Essa visão meramente econômica do ônus é um dos grandes entraves para que empresas, inclusive as de grande porte, consigam atravessar crises sem que comprometam de modo irreversível, sua

---

[8] RIOS Pomba e Paraíba estão contaminados. Primeira análise de sedimentos mostra presença de produtos cancerígenos. *Jornal do Brasil*, caderno Rio, p. C1, 29 maio 2003.

sobrevivência. Apostar na memória curta da opinião pública e negar a responsabilidade de um acidente, na expectativa de que o departamento jurídico encontre uma solução mais amena, tem o mesmo efeito de dar um tiro no próprio pé: as leis da opinião pública são muito mais rígidas do que as punições da justiça e as posições de isolamento e defesa reforçam ainda mais o retrato de "vilã" que a empresa passa a ter.

Só há um antídoto para empresas que enfrentam esse tipo de situação: assumir o dano, agindo com transparência em relação aos *stakeholders* da companhia, prestando assistência às comunidades atingidas, informando a população dos riscos e adotando procedimentos imediatos de segurança para que o mal não se alastre. Isso significa, inclusive, disponibilizar técnicos e contratar especialistas que pensem em medidas corretivas, sem esquecer de prestar contas à população do que está sendo feito.

De qualquer modo, para o questionamento da opinião pública sobre a possibilidade de se ter evitado um acidente não há antídoto; a única solução possível é o planejamento contingencial – aquele que, dentro de um negócio específico, procura antever cenários de catástrofe, preparando devida e antecipadamente a empresa na condução de possíveis episódios. Preocupações como essa descortinam o nível de entendimento empresarial sobre o que seja, de fato, responsabilidade social corporativa. Nesse caso, o modelo adotado de gestão da produção se torna tão significativo, do ponto de vista da chamada cidadania empresarial, quanto os investimentos anuais em programas e projetos sociais.

Os Indicadores Ethos de Responsabilidade Social Empresarial – de grande valor para uma avaliação mais precisa das práticas corporativas perante os *stakeholders* – balizam, na esfera do ciclo de vida de produtos e serviços, os parâmetros de comprometimento que uma empresa deve ter. Um dos grandes temas abordados por essa ferramenta de diagnóstico é o meio ambiente, onde os indicadores não só avaliam o gerenciamento do impacto ambiental e do ciclo de vida de produtos e serviços, como o nível de comprometimento diante das gerações futuras. Uma leitura desses indicadores[9] permite traçar o perfil de uma empresa socialmente responsável, quando o assunto é gestão da produção:

"Possui sistemas de gestão ambiental padronizados e formalizados, incluindo identificação de riscos, estabelecimento de metas, planos de ação, alocação de recursos, treinamento de funcionários e auditoria." (p. 17)

"Produz estudos de impacto em toda a cadeia produtiva; desenvolve parceria com fornecedores visando à melhoria de seus processos de gestão ambiental e participa dos processos de destinação final do produto e pós-consumo." (p. 17)

"Possui processo para medir, monitorar e auditar periodicamente os aspectos ambientais significativos relacionados com consumo de recursos naturais e a produção de resíduos e dejetos [...] Tem como meta alcançar alto nível de sustentabilidade e/ou provocar impacto ambiental zero." (p. 18)

"Trata a questão ambiental como tema transversal na empresa, tem comitês/áreas responsáveis pela operacionalização das ações ambientais e inclui a questão ambiental em seu planejamento estratégico." (p. 19)

Diante dessas novas premissas, parece evidente que uma gestão adequada da produção é ponto de partida para alianças corporativas duradouras e consolidação dos índices de credibilidade. Não é à toa que a prática de gerenciamento de risco tem se tornado um filão de mercado promissor. Segundo pesquisa da AON Consultoria de Serviços de Risco – subsidiária da segunda maior corretora de seguros do mundo – "investir em prevenção representa aproximadamente 20% dos gastos que seriam despendidos se as medidas preventivas não fossem adotadas"[10].

É provável que, em face dos impactos que algumas empresas de porte estão sofrendo em seu conceito corporativo – sobretudo em

---

9 INSTITUTO ETHOS DE EMPRESAS E RESPONSABILIDADE SOCIAL. *Indicadores Ethos de Responsabilidade Social Empresarial*. São Paulo, 2002, p. 17-20.
10 AON faz parceria para gerenciar risco. *Gazeta Mercantil*, p. B-4, 27 maio 2003.

situações de catástrofe ambiental –, o gerenciamento de risco se torne um dos serviços mais requisitados nas consultorias. Cabe lembrar que, para além das competências técnicas que o assunto exige, a presença de um profissional de relações públicas na equipe que orienta a empresa é fundamental, já que os danos na identidade corporativa poderão ser irreversíveis se a questão não for tratada devidamente. A consultoria em gerenciamento de risco não se restringe à legitimação de determinados investimentos empresariais por enquadrarem-se nas exigências de agências reguladoras. Esse mercado vai se especializando, progressivamente, no desenvolvimento de planos de emergência e contingência para as empresas, auditorias de segurança no trabalho e *due diligence* ambiental[11].

Só com o planejamento contingencial – ferramenta de gestão corporativa que procura evidenciar os imprevistos e acidentes que determinada operação de negócios envolve – as empresas já conseguiriam se proteger de certos problemas potenciais. A análise de risco permite aos executivos economizar somas significativas, estimulando o investimento prévio em ações que exorcizem, por um bom tempo, as catástrofes corporativas. Em termos práticos, isso significa a adoção de ferramentas preditivas de gestão para que o negócio não seja atingido por episódios que o inviabilizem – tais como acidentes aéreos por falta de medidas preventivas, catástrofes ambientais por conta de uma gestão inadequada da produção ou acidentes no piso de fábrica pela ausência de uma política de segurança no trabalho. Convém lembrar que todos esses fatos podem, facilmente, se transformar em primeira página nos jornais de grande circulação.

A pseudo-economia que as empresas pensam fazer ao ignorarem procedimentos de segurança afeta, diretamente, os números

---

11 *Due diligence* é uma prática que se propõe a analisar a gestão ambiental das empresas, considerando que problemas nesse âmbito podem gerar grandes danos à credibilidade. A atividade "é realizada com vistas a prevenir passivos ambientais, objetivando não dificultar a realização de grandes projetos, principalmente, no que diz respeito a fusões, aquisições, cisões, privatizações e *joint ventures*, tendo em vista os riscos que tais passivos podem acarretar ao investidor" RABINOVICI, Julia Behera. *Due diligence* ambiental. *Brazilian Business*, nº 187, abril 2003, p. 44.

que elas tanto tentam proteger. Motivo um: os custos posteriores por conta de ações corretivas para o problema e indenizações às vítimas são infinitamente maiores. Motivo dois: os danos à identidade corporativa – que é, de longe, o maior patrimônio de uma empresa – são, muitas vezes, irreparáveis e geram impacto quase imediato sobre o faturamento da companhia e seu desempenho no mercado financeiro. Isso sem contar com os custos de retratação perante a opinião pública – que algumas empresas, equivocadamente, ainda julgam poder ignorar.

Mas pensar a contingência, optando por uma visão preditiva, não é suficiente no mundo dos negócios. É preciso desenvolver planos específicos (*disaster sheets*) para as situações de emergência, de modo que as empresas saibam como agir caso a crise se torne inevitável. Detalhe importante: o conteúdo dessas rotinas e a definição de políticas para o gerenciamento da crise têm de ser definidos quando os ânimos ainda não foram atingidos. Esse é o motivo do aumento de demanda por programas de gerenciamento de risco: "o custo benefício de conhecer as oportunidades de melhoria permite que a empresa minimize a possibilidade de acidentes e ainda implemente rotinas de atuação quando acontece uma catástrofe, o que permite que a empresa reduza o tempo em que ficaria parada"[12]. Infelizmente, nem todos os executivos fazem essa conta. Como resultado – que só aparece mais tarde nos números do balanço anual – tempo e dinheiro são perdidos por causa de uma política viciada de "apagar incêndio". Vejamos agora por que as situações de risco tomam proporções descabidas e em que ponto a postura de isolamento se torna fatal.

Fazendo as pazes com Murphy

PARA SAIR DE UMA CRISE com a opinião pública, não há receita de bolo. Mas existem algumas ações que as empresas podem implementar para minimizar os danos, reduzindo o impacto sobre

---

[12] AON faz parceria para gerenciar risco. *Gazeta Mercantil*, p. B-4, 27 maio 2003.

sua identidade corporativa. É importante, entretanto, não perder de vista a razão que alicerça essas medidas. Imaginar que elas possam resolver, isoladamente, todos os nós que uma gestão sempre calcada no risco ocasiona é uma aposta, no mínimo, perigosa. As ações preventivas ainda são a forma mais sensata de condução de um negócio – razão por que não se deve abusar das ferramentas de gestão de crise. Acidentes acontecem e não destruirão a credibilidade de uma companhia *se* ela tiver alicerçado suas posturas cotidianas em uma política de transparência. O contrário, porém, não é verdadeiro. A sucessão de descuidos, ainda que aparentemente imperceptíveis, na interface com os *stakeholders,* tem efeito cumulativo e fragiliza a empresa.

Um olhar mais atento para o histórico das crises permite encontrar um fio comum entre problemas corporativos tipicamente diferentes. Você certamente está se perguntando: o que pode haver de semelhante entre uma empresa que é vítima de sabotagem industrial e outra que age de modo irresponsável, deixando que consumidores sejam prejudicados por erros (nem sempre ignorados) no processo de produção? Que linha tênue separa o primeiro caso do segundo, quando ambos apontam, por exemplo, para riscos concretos à saúde do consumidor?

Não importa, exatamente, o tipo de crise de que estejamos falando. Dois pontos em comum podem ser, com freqüência, reconhecidos: a tentativa, sempre malsucedida, de controlar o fluxo de informação e certa miopia ao definir os parâmetros do que seja uma relação favorável custo × benefício. Muitas empresas, quando enfrentam problemas – seja por sabotagem, seja por erro –, sequer questionam a permanência de seus produtos na prateleira, sob a alegação de que o alerta à comunidade pode gerar pânico e representar uma redução comprometedora no faturamento da companhia.

Quem pensa que a situação só se aplica a crises tipicamente externas engana-se. Acidentes envolvendo funcionários, por exemplo, assustam tanto quanto pedidos de indenização por parte de consumidores. Não raro as empresas caem novamente na armadilha: tentam abafar o caso ou recortá-lo segundo uma versão menos polêmica. No dia seguinte, quando o executivo depara com as manchetes dos jornais e descobre a evidência dada ao episódio que ele tanto tentou preservar, fica explícito o dano que uma política de *low profile* pode gerar à companhia. Informação negada, versão escolhida pela imprensa.

Isso nos leva a concluir que, independentemente do motivo pelo qual as empresas chegaram ao limbo, o modo como elas lidam com os dados factuais é que faz toda a diferença. Por essa razão, alguns episódios vão gerar simples arranhões, enquanto outros vão provocar cicatrizes permanentes no conceito corporativo da organização. O modo como uma empresa se posiciona diante de um impasse – por conta de um acidente na fábrica ou por um desastre ambiental de proporções consideráveis – é o que determina se a companhia permanece meses ou décadas sendo ignorada pela opinião pública.

Não quero dizer com isso que impasses na resposta a um possível chantagista, por exemplo, tenham o mesmo peso que catástrofes ambientais, como a de Cataguases, ou desastres de grandes proporções, como o que envolveu a Union Carbide[13]. Cabe, no entanto, não ignorar a força destruidora que um processo de sabotagem ou de extorsão pode ter. Anos de investimento na consolidação de uma marca se mostram inócuos à medida que os índices de credibilidade da empresa são postos à prova. Uma criança que morra por contaminação de um produto ou a confirmação de uma doença adquirida por medicamento de procedência duvidosa é o suficiente para que a notícia se alastre e a credibilidade seja comprometida. Nesse momento, o histórico de relacionamento com os *stakeholders* torna-se a única saída possível para que os números não desçam ladeira abaixo.

Investimentos permanentes na relação com o cliente permitiram à TAM sobreviver a dois acidentes aéreos, em 1996, e, ainda,

---

[13] Em 1994, a Union Carbide teve seu nome associado a um dos maiores acidentes da indústria química. Na ocasião, sua fábrica em Bhopal, na Índia, deixou vazar 25 toneladas de gás isocianato de metila. Cerca de 2.500 pessoas morreram.

ser considerada a empresa do ano, em 1997, pela revista *Exame*. Afora os questionamentos possíveis quanto à política de indenizações que a companhia adotou, a TAM soube posicionar-se perante a mídia. Tão logo o acidente aconteceu, a empresa montou, de imediato, uma operação de apoio às buscas, envolvendo os próprios funcionários no resgate das vítimas. Algumas horas depois do acidente, o comandante Rolim já estava em entrevista coletiva, anunciando quais seriam as próximas ações da TAM. Para os que acompanharam as notícias da queda do Fokker-100 e da sua colisão traumática com uma escola, era de esperar que a empresa – na ocasião, ainda longe de ser uma gigante do setor – sofresse danos progressivos no seu faturamento. Os números mostram o contrário: "[...] a queda do avião da empresa com a morte de 99 pessoas, em outubro de 1996, fez as vendas despencarem apenas nos primeiros dias. Dois meses depois, a emissão de passagens voltou ao normal" (Brasiliano, 2003).

Claro que a questão da credibilidade não se restringe ao modo como uma companhia aérea lida com seus acidentes. O *antes* é igualmente importante e fala muito sobre uma empresa. Toda a sua postura quanto à conservação de aeronaves, condições de trabalho da tripulação e procedimentos de segurança é relevante para confirmar (ou não) a percepção que a opinião pública tem dela, já que revela o nível de comprometimento da empresa. Contudo, o comportamento da TAM diante da queda do Fokker-100 não deixa de impressionar, uma vez que a companhia parecia ter, devidamente orquestrado, todo um rol de procedimentos na condução de um acidente aéreo. Some-se a isso o investimento que vinha fazendo no relacionamento mais próximo com sua clientela. A relação entre a TAM e sua base de clientes, na ocasião do acidente, era tão positiva que os efeitos do episódio na reserva de passagens e na compra de bilhetes não se fizeram sentir por muito tempo.

Acidentes no piso de fábrica, sabotagem com adulteração de produtos, chantagens/tentativas de extorsão e falhas na segurança do processo de produção podem ter maior ou menor impacto sobre a credibilidade, dependendo do modo como a empresa se posicione. O mesmo se aplica a desastres e catástrofes ambientais[14]. Razão mais do que suficiente para que as empresas repensem as bases de muitas de suas decisões estratégicas, incluindo as de caráter mercadológico. Não raro constata-se, por conta das pressões do mercado, uma redução perigosa do tempo necessário para a testagem de produtos e experimentação de processos de fabricação. Do mesmo modo, algumas empresas – de novo com base em uma pseudovantagem na relação custo-benefício – insistem na adoção de configurações tecnológicas que não só põem em risco a segurança das operações como desconsideram o tempo e as condições de desgaste dos equipamentos e de toda a infra-estrutura de produção. O resultado vem na forma de vazamentos de dejetos e substâncias tóxicas, como no caso recente do lixo contaminado da Cataguazes, em Minas Gerais.

Estamos diante de uma cultura executiva que pensa ser possível conter as fissuras no relacionamento com os *stakeholders* com pesados investimentos em promoção de imagem. A sabedoria popular, nesse caso, se revela imbatível. Dizem que, quando os alicerces de uma construção ficam à mostra, é porque a infra-estrutura já está muito comprometida. A metáfora se aplica às empresas: quando os grandes acidentes acontecem, aquilo a que o olhar público tem acesso é apenas a comprovação de uma crônica inconsistência na base dos relacionamentos.

---

[14] BRASILIANO, Antônio Celso. *A importância de um plano de contingência empresarial*: gerenciamento de crise. Disponível em: http://www.brasiliano.com.br/artigo_3301_print.htm. Esse artigo pode ser bastante útil para quem se interessa pelo tema "gerenciamento de crise", principalmente porque ele propõe um modelo básico de plano de desastre (*disaster sheet*). Brasiliano separa os episódios corporativos em três classes: as crises, as catástrofes e os desastres. No primeiro caso, estariam, por exemplo, problemas como sabotagem industrial, tentativas de extorsão e danos físicos/mortes causados por falha em produtos. Por catástrofe, Brasiliano entende "um evento trágico significante, variando do extremo infortúnio à total destruição ou ruína". Os desastres, por sua vez, seriam aqueles eventos cujo impacto envolve um número bastante significativo de pessoas e cujos efeitos se fazem sentir por muito tempo. Chernobyl seria um destes casos.

Os dez mandamentos do gerenciamento de crise: como sobreviver às catástrofes corporativas

APESAR DE TUDO que já foi dito, as crises podem ser de grande valor para as organizações repensarem suas estruturas, já que a contingência é o termo que melhor define o mundo dos negócios. Seja como executivo responsável pela área de assuntos corporativos ou como consultor de comunicação empresarial, é importante que você oriente a empresa quanto à força das posturas cotidianas na construção de uma identidade corporativa. Sem esse conceito, não há marca que se sustente. A seguir, dez passos que, em momentos de crise, podem aproximar ou afastar uma companhia de seus objetivos:

1 avalie o impacto das decisões estratégicas;
2 crie rotinas prévias quando o problema ainda for uma hipótese improvável;
3 aja imediatamente;
4 se a responsabilidade for sua, assuma o ônus;
5 esqueça o estilo *low profile*;
6 seja o primeiro a advertir para os riscos;
7 informe permanentemente o que está sendo feito;
8 não superestime o poder do departamento jurídico;
9 acompanhe a influência de um público nos outros;
10 mostre os resultados das ações corretivas.

1º MANDAMENTO – AVALIE O IMPACTO DAS DECISÕES ESTRATÉGICAS SOBRE O AMBIENTE NATURAL E DE NEGÓCIOS

É comum que as empresas só pensem nas conseqüências de suas principais decisões quando alguma coisa se transforma em obstáculo ao resultado. No caso de grandes investimentos em pesquisa e desenvolvimento, por exemplo, convém que a empresa avalie, antes de colocar um produto de ponta no mercado, se todas as exigências do ponto de vista da segurança foram observadas. Como executivo ou analista de mercado, você pode até ter pressa para ultrapassar o concorrente, mas não deve ignorar os riscos que o seu produto/serviço envolve. Até porque – e a prática assim o confirma – muitos produtos testados inadequadamente tiveram um ciclo de vida curtíssimo, provando duas regras:

1 sair na frente não implica garantir, mais adiante, liderança no mercado, uma vez que o concorrente direto pode aprender com seus erros e lançar um produto melhor logo em seguida[15];
2 correr para lançar em primeira mão um produto faz a empresa ter um diferencial, mas também aumenta a probabilidade de fracasso quando detalhes importantes deixam de ser testados – o que representa, em última análise, redução do tempo de vida do produto e comprometimento das verbas nele investidas.

Para os que acreditam que tanto a análise de impacto quanto o planejamento contingencial representam perda de tempo em um mercado que exige respostas cada vez mais rápidas, um lembrete: se o negócio ficar vulnerável além da conta – seja por precipitação para ganhar pontos percentuais, seja por temer colocar, na ponta do lápis, os riscos envolvidos nas atuais condições de produção –, os danos financeiros podem tornar-se exponencialmente maiores. Por essa razão, o mundo corporativo começa a adotar os chamados *planos contingenciais*, em que são desenvolvidos cenários alternativos para determinados problemas inerentes à natureza do negócio. Em termos práticos, significa adotar, à exaustão, a ferramenta *what if (e se)*, verificando todos os pontos de estrangulamento que determinado processo pode conter. Como resul-

---

[15] A esse respeito, sugiro ler o famoso artigo de Theodor Levitt, "Miopia em marketing", em que ele desenvolve a teoria da segunda mordida: "Não é de admirar [...] que algumas empresas desiludidas e muito chamuscadas tenham adotado recentemente uma política mais conservadora que chamo de 'política da maçã mordida'. Em vez de aspirar a ser a primeira empresa a ver e colher uma oportunidade, elas evitam sistematicamente ser as primeiras. Elas deixam outras darem a primeira mordida na maçã, supostamente suculenta, que as atormenta. Deixam outras serem as pioneiras. Se a idéia dá certo, elas a seguem rapidamente". LEVITT, Theodor. *A imaginação do marketing*. São Paulo: Atlas, 1990.

tado, o plano contingencial proporciona uma visão dos focos de vulnerabilidade da empresa e define previamente as linhas de ação em situações de emergência, contemplando também os procedimentos em relação à mídia e à comunidade. Entretanto, como as crises quase sempre apontam para a incidência de erros na rotina, o plano de contingência também capacita a empresa para a adequação de seus processos, reduzindo os riscos de situações de emergência.

Vejamos um exemplo. Imagine um problema na distribuição de uma dessas bebidas lácteas cujo tempo de validade gira em torno de trinta dias. Suponha, agora, que o fabricante esteja testando uma nova máquina para tampar as garrafas e não tenha muito controle sobre o resultado desse processo em particular, optando por disponibilizar, ainda assim, a produção no mercado. Para completar o quadro, a distribuidora, apesar do preço baixo, vem demonstrando certa negligência nas condições de transporte do produto. Conseqüência: o risco de que as tampas se mostrem frágeis é alto, comprometendo tanto as condições de apresentação do produto nas gôndolas quanto a sua segurança. Veja algumas perguntas que podem surgir no plano contingencial por conta da natureza do negócio e das vulnerabilidades identificadas: *e se* o produto, por ausência de cuidado da distribuidora e por conta da fragilidade das novas tampas, se contaminar? *E se* o consumidor passar mal? *E se* o caso envolver mais de um consumidor? *E se* o episódio ganhar destaque na mídia? *E se* a empresa for acionada juridicamente?

Consideremos, agora, que a empresa em questão resolva usar essas embalagens apenas para teste, sem que elas sejam destinadas ao mercado. Outras perguntas podem aparecer no planejamento contingencial, preparando a empresa para possíveis transtornos: *e se*, por negligência ou roubo, essas embalagens forem parar no mercado? *E se* reclamações de intoxicação alimentar começarem a aparecer no SAC? *E se* o pronto atendimento dos casos isolados não der conta da situação e ela sair do controle? Todas essas questões hipotéticas deságuam em um ponto essencial que articula gestão da produção e credibilidade corporativa: não basta oferecer produtos e serviços de qualidade; é preciso responder por todas as suas etapas, incluindo as de pós-produção e pós-consumo.

Do ponto de vista da produção, a resposta está na adoção de uma logística reversa[16] – quando a empresa cuida, de modo responsável, do destino de seus dejetos e de produtos que, defeituosos, necessitem de um procedimento próprio para eliminação (no exemplo, as embalagens que estavam em teste). Do ponto de vista da gestão, a resposta está no planejamento contingencial, de modo a antecipar problemas por meio de um *brainstorming* negativo que prepare a empresa para lidar adequadamente com os possíveis acidentes do seu negócio. Por fim, do ponto de vista da comunicação corporativa e as relações públicas, a resposta está na transparência diante do fato e na orientação imediata quanto aos danos que o episódio pode trazer para os níveis de credibilidade da empresa. Que os executivos não se enganem: não há ativo maior do que o nome; e são as oscilações em torno dele que minam, progressivamente, as parcerias com os *stakeholders* e a saúde dos negócios.

LOGÍSTICA REVERSA: ONDE TERMINA A TRAJETÓRIA DE UM PRODUTO?

Pode ser que a precisão e o rigor no controle de qualidade minimizem os riscos, mas convém lembrar que nenhum negócio está totalmente imune, sobretudo se houver descuido com etapas pós-produção. Procedimentos envolvendo riscos devem ser mapeados e permanentemente acompanhados. Processos de produção com manipulação de material tóxico, efeitos colaterais desconhecidos por conta de combinações químicas inovadoras e o destino dos dejetos do processo produtivo são questões típicas que algumas empresas costumam ignorar até que o problema tome proporções maiores e chegue à mídia.

A logística reversa pode minimizar, muitas vezes, esse tipo de problema, na medida em que cuida do trajeto dos produtos, depois

---

[16] Para mais informações, ver: LACERDA, Leonardo. *Logística reversa*: uma visão sobre os conceitos básicos e as práticas operacionais. Disponível em: http://www.cel.coppead.ufrj.br/fs-busca.htm?fr-rev.htm.

que eles chegam ao consumidor, mapeando todos os riscos envolvidos da hora em que o cliente adquire a mercadoria ao momento em que o produto retorna, como material reciclável (ou descartável), para a empresa. Observe o modelo proposto por Leonardo Lacerda, em estudo para o Centro de Logística da Coppead:

> Por trás do conceito de logística reversa está um conceito mais amplo que é o do "ciclo de vida". A vida de um produto, do ponto de vista logístico, não termina com sua entrega ao cliente. Produtos se tornam obsoletos, danificados, ou não funcionam e devem retornar ao seu ponto de origem para serem adequadamente descartados, reparados ou reaproveitados (Lacerda, 2002).

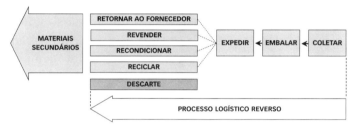

Fonte: LACERDA, Leonardo. *Logística reversa*: uma visão sobre os conceitos básicos e as práticas operacionais. In: Centro de Estudos em Logística da Coppead. Disponível em: http://www.cel.coppead.ufrj.br/fs-busca.htm?fr-rev.htm.

Voltemos ao exemplo dos comprimidos de farinha. Resta alguma dúvida de que seria responsabilidade da Schering do Brasil cuidar para que as pílulas não fossem parar no balcão das farmácias? Parece que não. Entretanto, o que talvez pouca gente saiba — até porque as manchetes não evidenciam esse tipo de coisa — é que a Schering não agiu de má-fé, como uma leitura enviesada do fato poderia sugerir. Observe o que realmente aconteceu no episódio dos anticoncepcionais de farinha:

> Na realidade o que houve foi que a empresa estava testando uma nova máquina embaladora. Não se tratava de falsificação, mas de roubo interno e alguém vendeu o "lote" de farinha às farmácias. O caso ficou nebuloso após as vítimas terem divulgado que estavam tomando o remédio, e que teriam ficado grávidas mesmo assim. O laboratório levou mais de um mês para avisar a polícia e a

Vigilância Sanitária de São Paulo sobre a chegada ao mercado das cartelas com farinha. Somente após ter sido questionada, de forma inconteste pela imprensa, que o laboratório publicou um comunicado decente para informar as consumidoras potenciais sobre lotes com problemas. Antes disso a Schering somente fez anúncios defensivos, mais preocupada em se explicar, livrando a responsabilidade, do que alertar suas clientes. A empresa alegou que o motivo de não ter feito uma advertência para suas clientes é que não queria gerar pânico.[17]

A informação foi tão mal trabalhada que o que ficou na memória da opinião pública foi a idéia de falsificação das pílulas. O fato de serem fabricadas com farinha apenas para testar uma máquina embaladora tornou-se um detalhe e de menor visibilidade. Não que roubo seja menos significativo do que falsificação, uma vez que as pílulas, de qualquer modo, foram parar no balcão das farmácias. Mas é claro que a hipótese de falsificação de um produto — ainda que eliminada depois — implica danos muito maiores à imagem corporativa.

A empresa poderia ter sido menos atingida se adotasse critérios de maior transparência na comunicação com o mercado. Detectado o roubo das cartelas, devia ter informado de imediato as autoridades e os consumidores. Acreditar na baixa probabilidade de um acidente foi um erro estratégico. Tivesse a empresa acompanhado mais de perto a eliminação do medicamento-placebo, o episódio não teria tomado tais proporções. Entre a ordem de incinerar as cartelas-teste e a venda do produto às mulheres que engravidaram, uma seqüência de procedimentos de segurança foi ignorada. A empresa detectou o problema, não avisou a quem de direito, foi negligente na responsabilidade de incinerar as cartelas-teste e, pior, não alertou suas consumidoras. O resultado: multas de grande impacto para o negócio, exposição negativa na mídia e comprometimento dos índices de credibilidade.

---

[17] BRASILIANO, Antônio. *Plano de contingência* — gerenciamento de crise — "Case do Laboratório Schering do Brasil". Disponível em: http://www.brasiliano.com.br/artigo_498.htm.

O que este e outros exemplos evidenciam é que as empresas devem se preparar melhor para o gerenciamento de crise. Toda política de relacionamento fundamentada em responsabilidade social deve estar alicerçada em uma postura de gestão do risco. Apagar incêndio, um atrás do outro, não resolve o problema, ainda que se faça isso muito bem. Os danos estruturais são, na maior parte das vezes, irreversíveis. Se, como executivo ou consultor, você depara com este tipo de problema, adote quanto antes planos de contingência e analise como as macrodecisões influenciam o ambiente. Em outras palavras:

- **Analise preditivamente seus principais processos e o impacto que eles ocasionam no ambiente natural.** A empresa já adota a logística reversa, respondendo por seus dejetos e controlando lotes de produção que pretende descartar? Que procedimentos de segurança ela adota quando uma produção precisa ser ejetada? Como a empresa lida com seu lixo tóxico e como diagnostica os impactos de sua produção na comunidade?
- **Avalie o impacto de suas ações no ambiente de negócios.** As decisões estratégicas, incluindo as mercadológicas, podem comprometer a credibilidade a médio e longo prazo?
- **Mapeie os riscos e desenvolva planos alternativos.** Identifique os pontos de vulnerabilidade do negócio e considere os públicos que podem ser afetados – direta ou indiretamente – pela questão. Pontue ações corretivas em situações de emergência.
- **Considere todos os públicos direta ou indiretamente afetados.** Como a empresa pode, em situações de crise, atender às múltiplas demandas dos *stakeholders* – comunidade, imprensa, governo, sindicatos, opinião pública, acionistas? Como ela pode minimizar os danos à identidade corporativa?

2º MANDAMENTO – CRIE ROTINAS PRÉVIAS QUANDO O PROBLEMA AINDA FOR UMA HIPÓTESE IMPROVÁVEL

Esse é outro item que faz diferença. Não basta que a empresa esteja disposta a identificar pontos de estrangulamento em todos os seus processos. É preciso que ela se prepare para o mau tempo e envolva todos os funcionários na administração do problema. A política de portas fechadas, de guardar, entre as quatro paredes do escritório central, as decisões que envolvem a empresa como um todo, é sempre um alto risco. Não só porque os empregados não saberão o que fazer quando medidas importantes precisarem ser tomadas, como também porque, sem clareza da fonte, o boato logo toma vulto e adquire *status* de informação verdadeira.

Forme grupos de contingência atendendo a finalidades específicas e prepare seus funcionários para as situações de emergência. Integrá-los na escolha de alternativas para a solução de problemas é o melhor modo de garantir um resultado rápido. Por três motivos: 1) eles já conhecem bem a companhia, podendo agir em tempo hábil e otimizar fluxos, inclusive de informação; 2) se estiverem direta e voluntariamente envolvidos, vão comprometer-se muito mais com os resultados; 3) um grupo de três ou quatro diretores assustados – para ser otimista, porque em geral a responsabilidade cai sobre um ou dois – não dá conta de todas as medidas emergenciais que precisam ser tomadas. Portanto, ouça o que seus funcionários têm a dizer sobre a vulnerabilidade dos processos da companhia, monte com eles um plano de emergência para as situações de risco e, sobretudo, *teste* as alternativas. Não espere que os acidentes aconteçam para saber se o que você planejou funciona.

O *disaster sheet* tem a exata função de preparar a empresa, com antecedência, para os acidentes. Um rol de procedimentos previamente definido pode fazer a companhia agir rápido em situações de risco, minimizando posições de atrito e solucionando, de pronto, problemas que poderiam desgastá-la. Em termos práticos, deve conter respostas imediatas para perguntas fundamentais na tomada de decisão: como os funcionários vão se organizar, durante um acidente, em grupos de contingência? A empresa pode contar com um centro de operações alternativo? Que veículos da empresa ou de terceiros poderão ser imediatamente usados para resgate, se houver vítimas? Caso as instalações da companhia sejam destruídas durante o acidente, que parceiros de negócios poderão ser acionados? Que posturas emergenciais devem ser tomadas em relação à comunidade e como proceder em caso de evacuação da área de risco?

Essas são apenas algumas perguntas. Evidentemente, o conteúdo do plano sofrerá alterações conforme o tipo de empresa e a natureza do risco que o negócio envolve. Um plano de desastre de uma indústria química tem particularidades quando comparado ao de uma companhia aérea. Há, entretanto, preocupações e cuidados comuns nos diversos tipos de planos de contingência e a comunicação permanente é, sem dúvida, um desses pontos.

O *disaster sheet* deve conter diretrizes para a comunicação com os jornalistas, bem como as bases de um esclarecimento sistemático à opinião pública. Programe como a área de comunicação deverá atuar e quem deve falar em nome da empresa. Normalmente, é o seu presidente que se pronuncia em caso de situações de grande impacto, crises e/ou catástrofes ambientais, sendo fundamental que, quando ele não esteja presente, o plano de desastre já indique medidas emergenciais. Há casos, também, em que diretores técnicos ou especialistas são chamados para falar de temas específicos. De qualquer modo, convém esclarecer que uma empresa socialmente responsável não veta a nenhum funcionário o direito de pronunciar-se, embora seu compromisso imediato seja o de preparar aquelas pessoas que respondem diretamente pelos rumos da companhia.

Além das diretrizes com relação à mídia, defina, ainda, no seu plano de desastre, que ferramentas de comunicação permanente deverão ser usadas para informar a opinião pública dos passos da empresa na correção dos rumos – e isso vale, também, para a comunicação dos fatos ao público interno. Revistas internas e externas, *house organs*, boletins especiais e *homepages* são algumas dessas ferramentas.

O plano deve conter também, em detalhe, o que a companhia pretende fazer – nas diversas situações de emergência – em relação à comunidade. Que tipo de assistência pretende dar aos moradores da área impactada – apoio financeiro, alimentício ou psicológico? É possível recolocar profissionais em empresas parceiras, caso a companhia fique temporariamente fechada? Que tipo de atendimento deve ser dado aos familiares das vítimas e como se pode iniciá-lo prontamente, de modo a minimizar os impactos da mídia sobre eles?

3º MANDAMENTO – NÃO CONFIE NO ACASO. AJA IMEDIATAMENTE

Eis a diferença entre pequenas crises e grandes catástrofes. Uma boa parte das empresas se torna extremamente vulnerável em situações de crise por conta da resistência de seus executivos. Decisões que implicam perda imediata de faturamento tendem a ser adiadas por mais tempo do que a situação permite. O mercado está cheio de exemplos concretos: lotes de produtos com defeito, que permanecem na gôndola de um supermercado ou na prateleira da farmácia; processos de produção que, após a identificação de problemas, ainda assim não são paralisados; substâncias que são colocadas prematuramente no mercado e só são retiradas de circulação quando há um número significativo de vítimas. O adiamento na tomada de decisão e na comunicação ao público – sob o pretexto de evitar o caos – implica quase sempre uma situação de crise fora de controle.

A Nestlé passou, tempos atrás, por um episódio que mostra bem os ganhos indiretos de uma postura assertiva. Vítima de chantagem, a empresa foi ameaçada de contaminação dos seus produtos com cianureto de potássio. Naturalmente, retirar os produtos da prateleira significaria perdas no faturamento, mas a Nestlé fez sua opção. Denunciou que estava sendo alvo de chantagem, avisou a população e retirou seus produtos das prateleiras. Certamente haverá quem pense que a Nestlé foi precipitada, já que nenhum caso de contaminação ou morte chegou a ser registrado na ocasião. Mas, diante da credibilidade que conquistou nos mercados brasileiro e mundial, a empresa não quis arriscar seu nome.

O fato é que a Nestlé exercita com freqüência sua habilidade no gerenciamento de crises. O caso de ameaça de contaminação por cianureto de potássio aconteceu em 1991. No mesmo ano, colocaram veneno contra moscas em iogurtes da marca. Em 1992, foi a vez do ácido muriático no Nescau – que não é letal, mas provoca queimaduras graves na boca. Em 1998, uma ala de radicais, na cidade de Verona, enviou à imprensa panetones contaminados com raticida. Diante de tantas tentativas de extorsão, somente uma empresa consciente do valor de sua marca conseguiria sobreviver incólume a tantos episódios de risco.

Mais do que uma grande marca com produtos de qualidade, a Nestlé é percebida pela opinião pública como uma companhia fortemente atrelada a conceitos como tradição e confiança. Seus investimentos ultrapassam o viés publicitário e buscam, inclusive, garantir a qualidade da matéria-prima utilizada em seus produtos. Não é por acaso que a Nestlé desenvolve um programa de orientação e assistência creditícia aos produtores de leite que são seus fornecedores. Tomando como parâmetro o rigor quanto à qualidade da matéria-prima utilizada, entende-se sua decisão de retirar da prateleira os lotes sob suspeita, denunciando a chantagem aos órgãos competentes e advertindo, ela mesma, a população.

Cuidar para que o problema não tome proporções maiores é fundamental e se constitui no primeiro passo quando o acidente já aconteceu. Esse é um procedimento que independe da existência de um plano de desastre na empresa, embora o *disaster sheet* possa reduzir, de modo significativo, o tempo gasto na tomada de decisão. A ação rápida implica não só menores danos à credibilidade como também melhores condições de controle dos efeitos causados. Por esse motivo, a Petrobras, depois de inúmeros acidentes por conta de vazamentos de petróleo e do desastre envolvendo a P-36, tem apostado em gerenciamento de risco, paralisando sua produção tão logo seja detectado um problema:

> A Petrobras já investiu 3,5 bilhões de reais para sanar pontos críticos e implementar um sistema preventivo a acidentes. Foi criado, por exemplo, o Programa de Excelência em Gestão Ambiental e Segurança Operacional. Com ele, ficou mais fácil e rápido descobrir vazamentos. Hoje, três quartos dos 7000 quilômetros de dutos da companhia estão automatizados com sensores que detectam variações no volume de óleo transportado. Se o volume diminui

muito num trecho do duto, alertas de segurança são acionados, as refinarias paralisam a produção e equipes são enviadas ao local para investigar o eventual acidente [...]"[18]

Os episódios envolvendo a empresa são muitos. Só em 2000, a Petrobras foi responsável por derramar cerca de 5,3 milhões de litros de óleo na Baía de Guanabara e em rios do Paraná. As fotos de aves cobertas de óleo tiveram um grande impacto sobre a opinião pública. Hoje, embora seja cedo para apontar resultados, a Petrobras demonstra preocupação em gerenciar melhor os riscos no seu processo produtivo. Quando a ordem na empresa é parar a produção, em caso de dúvida sobre um possível vazamento, uma lição parece ter sido aprendida: a de não confiar no acaso e agir imediatamente.

Quem se vê em situação de risco não pode apostar na probabilidade de nada acontecer. Deve retirar o produto de cena, avisar a população do que está sendo feito para garantir sua segurança e processar quem de direito – caso o problema seja de tentativa de extorsão ou chantagem. Se a empresa for cirúrgica e preventiva nas decisões e se mantiver um canal permanente de comunicação com a comunidade – pelo qual informe, sistematicamente, suas ações durante e depois do acidente –, não só os custos finais serão menores, como a recuperação da reputação corporativa acontecerá em muito menos tempo.

4º MANDAMENTO – SE A RESPONSABILIDADE FOR SUA, ASSUMA IMEDIATAMENTE O ÔNUS

Há muitas maneiras de assumir a responsabilidade por um fato. Mas, no mundo corporativo, a regra é clara: uma ação vale mais do que mil explicações. Em caso de acidente, a empresa não consegue fugir da mídia; pode, porém, oferecer fatos que demonstrem seu visível comprometimento com soluções para o problema. Quanto mais a empresa mergulhar na inércia, mais o que ficará em evidência é o ônus crescente que ela produziu para a socie-

---

[18] PETROBRAS melhora a gestão de risco. Mancha controlada. *Exame*, n. 12, 11 jun. 2003, p. 144.

dade. Por outro lado, se a área de assuntos corporativos se preocupa em colocar logo em prática um plano de emergência que reduza os danos à comunidade e se prontifique a corrigir os erros no processo produtivo, esses dados não poderão ser omitidos pela imprensa, ainda que os veículos prefiram evidenciar a responsabilidade da empresa pelo acidente. O impacto das manchetes negativas vai sendo substituído pelo acompanhamento diário da postura de seus executivos diante do fato.

Um exemplo prático foi o caso do acidente envolvendo a Ferrovia Centro-Atlântica, da Vale do Rio Doce. Em junho de 2003, um trem que transportava substâncias tóxicas e inflamáveis – indo de Camaçari para Paulínia – descarrilou, causando danos consideráveis ao meio ambiente. Substâncias como metanol e isobutanol contaminaram o rio que abastecia a cidade de Uberaba, deixando seus moradores sem água por dez dias e comprometendo a atividade de pesca da região. A FCA agiu prontamente, resgatando 100% dos resíduos sólidos e 40% dos resíduos líquidos. Além disso, contratou 270 carros-pipa para abastecer os municípios atingidos com água mineral, iniciando logo em seguida a análise de impacto no solo e no lençol freático. Embora suas ações não impeçam as instâncias governamentais de acionar a companhia, o fato é que a opinião pública tem acompanhado seus esforços para reduzir os danos causados ao meio ambiente.

A preocupação que uma empresa demonstra em atender às vítimas e oferecer respostas práticas a problemas – sem o velho jogo de transferir responsabilidades – é o que realmente posiciona a balança no julgamento da opinião pública. Assumir o ônus não é o mesmo que fazer propaganda do telhado de vidro, embora poucos executivos entendam a diferença; é posicionar-se com responsabilidade diante dos fatos que a empresa desencadeou.

5º MANDAMENTO – ESQUEÇA O ESTILO *LOW PROFILE*
Muitos executivos acreditam que o mais sensato é deixar a mídia para a publicidade de seus produtos ou serviços. Quando se trata da divulgação institucional da empresa, trazendo à tona políticas

corporativas e números sobre o negócio, a opção recai sobre um estilo *low profile*, principalmente se o que vai chegar à opinião pública não interessa. Em gerenciamento de crise, nada pode ser mais falso ou arriscado do que essa política, já que a impressão de que a empresa pode ficar fora de cena é absolutamente ilusória.

A construção de um relacionamento prévio com os veículos – divulgando fatos de interesse e funcionando, também, como fonte – pode ser um diferencial importante nesse caso. Não que conhecer editores e jornalistas possa salvar uma empresa de estar nas primeiras páginas dos jornais, por conta de escândalos envolvendo seu nome – aliás, eis uma distorção comum no mundo dos negócios: acreditar que a assessoria de imprensa, sobretudo quando tem à frente um jornalista, possa impedir que certas notícias cheguem à opinião pública.

Contudo, ser fonte de informação sobre o setor em que atua e estabelecer um diálogo prévio e constante com a imprensa significa, na pior das hipóteses, que a mídia terá informações concretas sobre o negócio da companhia e suas posturas cotidianas. Isso, sim, pode fazer diferença na leitura que ela faz de episódios negativos envolvendo a empresa. Imagine o caso de uma companhia que tenha recebido certificação SA 8.000[19] e esteja, permanentemente, investindo em gestão de risco no processo produtivo. Se essa empresa tiver o cuidado de trazer essas informações ao conhecimento da imprensa e sofrer, algum tempo depois, um acidente de proporções significativas no piso de fábrica, a mídia terá outro olhar sobre o episódio. Não deixará, é claro, de questionar como uma empresa que tem SA 8.000 coloca em risco a saúde de seus funcionários, mas tenderá a relativizar o acidente, já que acompanha os esforços da companhia para adotar procedimentos mais seguros.

---

[19] A SA 8000 – *Social Accountability* 8000 – é uma certificação internacional que denota responsabilidade social no que se refere às condições de trabalho nas empresas. Estão entre seus indicadores: cuidados com saúde e segurança do trabalhador, veto ao trabalho infantil e escravo (inclusive por parte de fornecedores e outros agentes da cadeia produtiva), veto a qualquer forma de discriminação, liberdade de associação e negociação coletiva, condições de trabalho e remuneração, gestão participativa e direito à participação nos lucros.

Cada vez que a informação é retida, maiores são as chances de que uma versão deturpada sobre o fato seja publicada. Sabendo disso, não tente reprimir o fluxo da informação. O veículo saberá chegar a ela por outros canais – um ex-funcionário insatisfeito, por exemplo. Procure, ao contrário, ter uma postura proativa, montando, em caso de acidentes, uma operação emergencial de atendimento à imprensa. Convoque uma coletiva[20] ou realize entrevistas individuais e seja o primeiro a apresentar os fatos. Desse modo, você garante que a notícia publicada se assemelhe ao que foi comunicado.

6º MANDAMENTO – SEJA O PRIMEIRO A ADVERTIR PARA OS RISCOS

Nunca se deixa que um fato venha a público por outra fonte que não seja a própria companhia. É melhor ser identificada como a empresa que, mediante riscos para o consumidor, busca informá-lo previamente, do que como aquela que negligencia o esclarecimento à opinião pública.

Um bom exemplo disso é a prática do *recall*, quando fabricantes, especialmente do setor automobilístico, chamam seus clientes para fazer reparos ou troca de peças com defeito. Certamente, no momento em que o *recall* foi adotado como medida preventiva, muitos executivos ficaram apreensivos por expor, em escala, seus defeitos de produção. Os primeiros a adotar esse procedimento foram os fabricantes de modelos importados, oferecendo-se para trocar peças com "possíveis" defeitos e até disponibilizando, durante o conserto, outro veículo para o cliente. O mercado consumidor recebeu bem a iniciativa e entendeu essa prática como um diferencial no serviço.

Logo em seguida, quando o *recall* se tornou uma constante entre as montadoras, o consumidor tomou ciência dos riscos e se

---

[20] A opção por uma coletiva deve ser proporcional ao interesse que o assunto provoca como notícia. Outro ponto a considerar é a habilidade do executivo de sobreviver ao fogo cruzado. Dependendo da situação, pode ser mais conveniente optar por um atendimento individual aos jornalistas, em que se possa trabalhar mais detalhadamente a informação.

tornou mais exigente na escolha. Mas isso não interferiu no faturamento das companhias, exceto daquelas que insistiram em nadar contra a corrente. Embora a popularização dessa prática aponte para a necessidade de um maior controle nos termos de liberação dos veículos, o *recall* se tornou uma exigência básica e uma medida de segurança assimilada pelo mercado. A apreensão inicial dos executivos se mostrou infundada: o consumidor não rejeita a marca que faz *recall*, mas se torna cada vez mais implacável com fabricantes que não respeitam seus direitos.

Mas que ninguém se engane. O *recall*, hoje, pode estar se transformando em paliativo perigoso, já que um número crescente de veículos tem sido colocado no mercado em condições inaceitáveis. Há, nos fóruns de defesa do consumidor, inúmeras histórias que demonstram a negligência com os riscos de acidentes, e não é à toa que os números de ações judiciais continuam subindo. Um caso que ilustra bem a fragilidade do modelo de *recall* como ferramenta de controle da qualidade é o de certo taxista que teria morrido ao bater, desgovernado, em um poste, exatamente cinco dias antes de chegar à sua casa uma correspondência da montadora convidando-o para uma revisão daquele modelo, por conta de uma fissura detectada nas rodas traseiras. Exemplos como esse demonstram que o *recall* só se tornará uma ferramenta verdadeiramente útil se sua logística for compatível com o *timing* do piso de fábrica e com uma comunicação ao consumidor em tempo hábil. Se o *recall* não for transformado em uma técnica de aperfeiçoamento de processos, ele logo trará problemas para montadoras e concessionárias.

Afora os problemas do *recall* – mais pelo modo de ser conduzido do que pela sua proposta –, essa atitude de se antecipar à crise, comunicando os riscos tão logo eles sejam identificados, é um dos pontos fundamentais para a consolidação da credibilidade corporativa. Não importa a natureza do problema – se um acidente de fábrica, um vazamento de lixo tóxico, uma falha na produção ou ameaças de adulteração de produtos. O procedimento deve ser o mesmo em todos os casos: denunciar às autoridades competentes e avisar, imediatamente, à população. Informar o consumidor e assumir o ônus imediato são duas posturas que, na maioria das vezes, já permitem à empresa se antecipar ao problema. O caso do *recall* é um exemplo.

Mas nem sempre essas medidas são suficientes para evitar a confrontação – as catástrofes ambientais que o digam. Nem sempre é possível antevê-las, ainda que procedimentos de segurança tenham sido cumpridos. Nesses casos, a postura deve ser a mesma: avisar a população dos riscos e tomar providências imediatas para corrigir o dano provocado e minimizar os impactos sociais. Se a empresa não for a primeira a advertir para os riscos, a mídia e a opinião pública serão implacáveis na interpretação dos fatos.

Do mesmo modo, os executivos devem, definitivamente, resistir à tentação de embargar matérias com teor negativo sobre o negócio ou a postura da empresa diante de riscos. Quando a informação vem à público, aparece com um adendo: o de que a empresa tentava impedir o acesso da opinião pública à informação. Nada pode ser mais negativo em situações de crise.

7º MANDAMENTO – INFORME PERMANENTEMENTE O QUE ESTÁ SENDO FEITO

O ato de informar a opinião pública não termina na entrevista coletiva que a empresa convoca; muito menos no comunicado ou na nota oficial que ela publica nos jornais de grande circulação. A partir do momento em que a crise se instala ou a catástrofe de fato acontece, a empresa deve estar preparada para demonstrar, *periodicamente*, suas ações. Advertir para os riscos e, depois, desaparecer de cena pode ser tão desastroso quanto não dizer nada. Tão logo a companhia oriente a população, a assessoria de imprensa deve preparar os CEOs para as entrevistas, munindo-os com dados, números e estatísticas que demonstrem, efetivamente, os investimentos na correção de rumos.

Se uma empresa causa danos ambientais a determinada comunidade, deve preparar-se para prestar informações à mídia em cada uma das etapas previstas por seu plano de contingência. Isso significa que ela presta contas de suas ações à opinião pública nas seguintes situações:

- evacuação da zona de risco e atendimento imediato às vítimas;
- orientação à comunidade, bem como assistência econômica e alimentícia (se for o caso);
- adoção de medidas para reduzir os riscos de contaminação de solo e água, bem como definição de metas a ser alcançadas nesse sentido;
- cooperação com as autoridades ambientais para recuperação imediata da flora e da fauna;
- novas medidas adotadas no sistema de produção e os índices alcançados.

O resultado da comunicação será tanto melhor quanto mais se puder demonstrar a diferença entre o antes e o depois. Se a empresa se preocupa em informar cada uma de suas ações durante e, também, depois da crise, a população terá dados suficientes para fazer uma análise justa do ocorrido. Nesse caso, os riscos de uma imagem negativa se pulverizam na medida em que as lacunas são preenchidas com informação adequada e permanente.

8º MANDAMENTO – NÃO CONFIE NO CANTO DA SEREIA: O JURÍDICO NÃO PODE SALVAR SUA PELE

Outra armadilha comum; aliás, das mais freqüentes. Empresas costumam atribuir a seu departamento jurídico a capacidade de minimizar danos provocados por crises externas. De forma alguma se questiona o valor da orientação do jurídico quanto ao que pode ou não implicar ações judiciais – seja no respeito ao código de defesa do consumidor, seja no enquadramento da empresa nas diversas leis. Mas que ninguém pense que esse mesmo jurídico pode salvar o mundo empresarial das cicatrizes que uma política de relacionamento inadequada com os *stakeholders* ocasiona.

Se, por um lado, o modo de negociação do jurídico representa reduções significativas nas indenizações a consumidores, vítimas de acidentes e seus familiares, por outro, colocar essa preocupação em primeiro plano pode significar uma grande miopia, já que a insatisfação crescente da opinião pública pode comprometer tanto ou mais um negócio do que as fatias de faturamento empregadas para corrigir erros e melhorar processos. O equívoco matemático é cruel: enquanto prioriza os danos financeiros, a empresa perde consumidores todos os dias por conta de pequenos detalhes e sofre desgastes em sua credibilidade sem que isso seja contabilizado.

Para que a companhia se preserve, convém observar dois pontos importantes, que podem ser a diferença entre o simples limbo e o inferno literal na relação com a opinião pública: 1) não deixe, por fatores econômicos, que a insatisfação do consumidor chegue a levar a empresa aos tribunais; 2) não caia na cilada de tentar impedir **juridicamente** que algo sobre a empresa venha ao ar. O veto à liberdade de imprensa custa, como já vimos, caríssimo. Lembre-se: de nada adianta investir pesado em campanhas de marketing de relacionamento se a empresa figurar no topo da lista das mais processadas. Tampouco adianta investir em projetos sociais se, no primeiro impasse com a comunidade, a empresa consulta o jurídico para saber como se defender financeiramente e suavizar o problema.

9º MANDAMENTO – ACOMPANHE A INFLUÊNCIA DE UM PÚBLICO SOBRE OUTRO

Em gerenciamento de crises – mas não somente nelas –, mensurar, com freqüência, os índices de credibilidade é fundamental. Reputação corporativa não é resultado apenas de uma rotina de procedimentos para evitar controvérsias, mas envolve, também, um olhar atento para as informações que a empresa manipula todos os dias. Pesquisas com os varejistas, perguntas e reclamações registradas nos SACs, informações extraídas dos comitês de clientes – tudo pode sinalizar alterações, positivas ou não, em curso.

Portanto, ainda que a companhia não esteja em crise, convém que você mensure e correlacione fatos. Eles trarão indicações importantes sobre as práticas corporativas, podendo apontar para mudanças que precisam ser implementadas. Eis algumas perguntas que as empresas deveriam se fazer de tempos em tempos, adequando processos antes de deparar com uma crise:

- Qual o índice de aproveitamento das informações coletadas no SAC para a solução de problemas detectados no piso de fábrica ou na gôndola do supermercado?
- Qual a porcentagem de reclamações que mostra deficiências concretas do produto/serviço? Quantas delas indicam uma logística mal administrada?
- Qual a porcentagem de clientes insatisfeitos que, após suas reclamações, permaneceram como consumidores?
- Em que nível a adoção de políticas internas ou de gestão da produção costuma interferir na relação com a comunidade? Como a ausência dessas políticas poderia representar riscos e perda de pontos percentuais?

Há no mercado, hoje, duas propostas relacionadas à questão da credibilidade: a auditoria de opinião e a auditoria de imagem. O primeiro modelo tem seu lugar garantido e aprimora a pesquisa no campo das Relações Públicas, propondo formas de analisar, qualitativamente, as interfaces com os *stakeholders*[21]. O segundo modelo parece oportuno mas insuficiente para uma análise plena da credibilidade, já que parte do princípio de que uma pesquisa qualitativa com jornalistas e outros formadores de opinião pode dar um retrato do nível de credibilidade da empresa. No *site* de uma assessoria de São Paulo que faz auditoria de imagem encontramos a seguinte descrição do método:

> Trabalhar com um *mailing* seletivo significa que apenas formadores de opinião – jornalistas, principalmente – serão entrevistados. Estes não sabem quem contratou a pesquisa, para assegurar a maior espontaneidade possível das

---

[21] O modelo é apresentado por Carlos Eduardo Mestieri e Waltemir de Mello, no artigo "Pesquisa em relações públicas: auditoria de opinião". In: KUNSCH, Margarida. *Obtendo resultados com relações públicas*. São Paulo: Pioneira, 2001.

respostas. Por fim, a condução das entrevistas por meio de um roteiro pré-definido cujas perguntas não impliquem respostas fechadas (tipo sim/não, ou ótimo/bom/regular/ruim) permite a identificação de tendências/resistências/oportunidades.[22]

A técnica demonstra fragilidade. Claro que jornalistas podem evidenciar o grau de informação sobre determinada companhia. E, também, o que pensa a opinião pública de modo geral. Mas o modelo está longe de ser uma auditoria de credibilidade. Primeiro, porque há outros públicos igualmente importantes que parecem ficar fora do mapeamento proposto. Segundo, porque imagem não é o mesmo que conceito. A imagem é muito mais volátil; o conceito, o resultado de posturas corporativas cotidianas. Posturas, aliás, que se referem a vários *stakeholders* – e, nesse caso, a imprensa pouco pode opinar, exceto por aquilo que chega a seus ouvidos. Quando se trata de análise da credibilidade, uma empresa não pode ser avaliada apenas segundo o nível de conhecimento que os jornalistas têm dela.

CREDIBILITY AUDIT: UMA ESCUTA EM REDE

Afora as orientações dos especialistas em pesquisa, convém lembrar que não se deve medir apenas a temperatura da relação entre a empresa e cada um dos seus *stakeholders* – é fundamental que se mensure, também, a influência de um público sobre outro. O motivo é simples: a interdependência natural entre os públicos pode balançar os esforços de comunicação na direção deste ou daquele grupo. Posturas em relação à comunidade podem interferir positiva ou negativamente na percepção da mídia. Crises internas – tais como greves, fechamentos de fábrica, acidentes com funcionários – podem, igualmente, deslanchar atritos com a comunidade e a opinião pública. Precisamos adotar modelos cada vez mais dinâmicos de mensuração, capazes de identificar as mútuas

---

[22] Para mais informações, ver a *homepage* da consultoria Necktar Produções. Disponível em: http://www.necktarproducoes.hpg.ig.com.br/paginas/auditoriadeimagem.htm.

influências e, por conta disso, amparar estrategicamente os diagnósticos empresariais.

Contribuições vindas da teoria do caos e da complexidade podem amparar a análise do ambiente de negócios, já que as questões corporativas de maior representatividade não se ajustam a uma leitura linear de causa e efeito – entendidos causa e efeito, aqui, como uma relação mensurável e "proporcional" entre fenômenos. O clima organizacional, o comportamento do consumidor, o desempenho das ações na Bolsa e o efeito das catástrofes corporativas são questões que estão longe de assumir uma explicação lógica imediata. Variáveis exógenas interferem no comportamento de mercados e públicos, e, sem o entendimento das leis que regem essas relações no campo dos negócios, fica difícil garantir um bom resultado. A máxima que orienta o gerenciamento de crises repousa, por ironia, na adaptação de um preceito da teoria do caos: pequenas negligências no relacionamento com os *targets* podem suscitar reações em cadeia de proporções inimagináveis.

Comportamentos instáveis e aperiódicos são muito comuns no mundo dos negócios – que o digam os pequenos atritos que marcam a relação com o consumidor e perturbam, de forma permanente, o resultado das campanhas de fidelização. Curiosamente, poucas empresas se preocupam em mensurar o grau em que esses atritos fazem os investimentos de marketing se desviarem de seus propósitos iniciais. Isso não impede que somas ainda mais ambiciosas sejam injetadas nas campanhas de relacionamento. Mas será que as empresas sabem quanto desse dinheiro se perde, à medida que os atritos detectados pelo SAC se avolumam e são resolvidos com paliativos? Sabem em que nível o ponto de equilíbrio é colocado em risco quando esses pequenos distúrbios perturbam constantemente a saúde das relações de consumo?

Do mesmo modo, é bastante comum que as empresas ignorem situações que não se repetem com certa regularidade, já que esses episódios não têm substância estatística. O que as empresas igualmente desconsideram é que a ausência de repetição não implica ausência de efeito. Leia-se aí efeito sobre a credibilidade e os números da companhia. Há situações cuja dimensão não pode ser prevista numa cadeia lógica e imediata de causa e efeito. Que o digam as catástrofes ambientais causadas por negligência no controle de dejetos da produção.

Como uma grande rede, os públicos de uma companhia estabelecem fios de comunicação invisíveis que, no entanto, podem gerar sérias conseqüências a médio e longo prazo. Isolar ações para *stakeholders*, considerando-os numa premissa de bilateralidade, é uma ação no mínimo arriscada. O modelo de comunicação empresarial que melhor responde aos novos desafios é, por essa razão, o da teia[23], em que os públicos funcionam como linhas invisíveis que causam reverberação umas nas outras. Calcular essa reverberação é, hoje, o melhor antídoto contra a crise e a garantia de índices de credibilidade mais seguros. Não parece haver, ainda, um método essencialmente dinâmico para dar conta de todas as variáveis e de todos os públicos, mas algumas técnicas qualitativas já se mostram bastante eficazes na análise de conflitos. É o que veremos mais adiante.

A PESQUISA EM SITUAÇÕES DE CRISE: BÚSSOLA NA TOMADA DE DECISÃO

No caso específico de crises/catástrofes que já se consolidaram, a credibilidade da empresa deve ser mensurada no momento das grandes decisões – como a retirada de produtos da prateleira ou acordos para reduzir o valor de indenizações. Além de funcionar como um poderoso indicador de que a empresa esteja no caminho certo (ou não), oferece uma visão mais exata do impacto das ações corporativas. A mensuração da influência de uma crise sobre o faturamento, por exemplo, pode demonstrar que a reputação corporativa é alta e que os negócios não foram totalmente afeta-

---

[23] No campo da comunicação empresarial, quem desenvolve bem essa teoria é Roger Cahen. Mais detalhes, ver: CAHEN, Roger. *Tudo que seus gurus não lhe contaram sobre comunicação empresarial*. São Paulo: Best Seller, 1986. Se quiser aprofundar o entendimento sobre a teoria do caos e da complexidade aplicada ao campo dos negócios, sugiro os livros de Ruben Bauer e Ilan Gleiser, que constam nas sugestões bibliográficas.

dos. Claro que você pode descobrir, também, o oposto – uma reputação frágil que precisa ser fortalecida com políticas de relacionamento mais sólidas.

Nas situações de crise, a pesquisa qualitativa – por meio da *técnica do incidente crítico*[24] – pode funcionar como método para mensurar o comportamento de certos públicos diante de um fato, identificando pontos comuns e diferenças nas posturas de grupos diversos. Ao permitir "estudos comparativos de situações problemáticas"[25], o método se mostra oportuno no gerenciamento de crise:

> [...] a técnica do incidente crítico enfatiza procedimentos para se coletar incidentes observados que tenham importância especial e que respondam a critérios sistematicamente definidos. Por incidente se quer significar toda atividade humana observável que não está suficientemente completa em si mesma, para que se permitam inferências e predições que podem ser feitas sobre a pessoa que executa tal ato [...] É essencialmente um procedimento para se coletar determinados fatos importantes com respeito ao comportamento em determinadas situações. (Flanagan, 1954, p. 327-35)

O campo da pesquisa qualitativa propõe métodos cada vez mais eficazes para a análise dos impactos da opinião em condições dinâmicas. O incidente crítico e a "bemetologia" (*behavioral meteorology*) são técnicas de diagnóstico que se aproximam de um modelo possível de auditoria de credibilidade, à medida que apontam o sentido das oscilações no comportamento individual e de grupo. Comparando respostas diversas a determinadas situações, essas técnicas de pesquisa qualitativa podem identificar como um *target* fortalece (ou enfraquece) a opinião, a atitude e o comportamento de outro.

---

24 O método foi criado por Flanagan em 1954. Refere-se à "técnica de entrevista para explorar as circunstâncias de acontecimentos em que uma crise ou um problema surge em uma organização, por exemplo, um acidente". BAUER, Martin; GASKELL, George. *Pesquisa qualitativa com texto, imagem e som*. Rio de Janeiro: Vozes, 2002, p. 514.
25 Ver quadro proposto por Uwe Flick, em seu artigo sobre entrevista periódica. FLICK, Uwe. "Entrevista periódica". In: BAUER, Martin; GASKELL, George. *op. cit.*

10º MANDAMENTO – MOSTRE OS RESULTADOS DE SUAS AÇÕES CORRETIVAS E INFORME OS NOVOS PARÂMETROS ADOTADOS

Mostrar, passo a passo, o que está sendo feito durante a crise é importante. Entretanto, ainda mais importante é evidenciar seus resultados. Se uma empresa faz uma mudança na gestão da produção, por exemplo, deve divulgar os novos parâmetros adotados. Foi assim que o Governo de São Paulo, em 1985, conseguiu melhorar a imagem de Cubatão, mostrando a redução progressiva dos índices de poluição.

Portanto, se sua empresa não só adotou uma postura socialmente responsável na condução de crises ou catástrofes, como ainda produziu mudanças concretas que vão significar redução significativa de riscos e menor incidência de acidentes, evidencie os resultados alcançados. Novas tecnologias que permitem resultados de produção mais seguros, adoção de indicadores de desempenho, medidas de compensação ambiental, reciclagem inovadora dos dejetos de produção[26] – tudo isso tem valor de notícia e deve ser informado à opinião pública. A apresentação dos resultados finais é uma etapa da qual, definitivamente, os executivos não devem abrir mão. É ela que vai confirmar a reputação da empresa, garantindo recuperação de fatias de mercado, aumento de *share of heart* e bom desempenho no mercado financeiro.

AUDITORIA DE CRISE: INDICADORES DE DESEMPENHO

Os **Indicadores de Gestão Responsável de Crise** foram desenvolvidos como um modelo possível de diagnóstico empresarial. Têm a finalidade de proporcionar ao executivo ou consultor de negócios uma ferramenta de monitoramento das posturas corporativas em situações de crise, catástrofe ou desastre.

Para fazer a avaliação de sua companhia, basta ir ao capítulo 2 e responder às perguntas. Não estão sendo considerados aqui os

---

[26] O Laboratório AstraZeneca é um bom exemplo: transformou plástico em espiral para cadernos e sola de sapato. Ver: ECOLOGIA: legislação leva empresas a proteger o meio ambiente. *Jornal do Commercio*, 12 e 13 jan 2003.

fatores desencadeantes das crises internas – demissão em massa, fusões e aquisições, greves, fechamento de unidades de produção. Duas razões explicam a opção: a extensão do capítulo e a necessidade de limitar, por ora, as variáveis trabalhadas. Trata-se de um primeiro modelo voltado especificamente para o diagnóstico empresarial em situações de crise com a opinião pública. Espero, em breve, incorporar os indicadores de gestão de crise com funcionários e aqueles específicos à área de serviços.

A fonte de inspiração para a criação desses indicadores foram os Indicadores Ethos de Responsabilidade Social Empresarial[27] – questionário de avaliação que o Instituto Ethos de Empresas e Responsabilidade Social coloca à disposição do mundo corporativo. Os **Indicadores de Gestão Responsável de Crise** (IGRC) estão divididos em gerais e específicos. Os primeiros estão relacionados com o decálogo que acabamos de apresentar. A idéia é facilitar a identificação de parâmetros para o comportamento socialmente responsável diante de riscos. Já os indicadores específicos se referem à postura da empresa em situações concretas de crise – chantagem com adulteração de produtos, sabotagem, falhas no controle de dejetos, acidentes no piso de fábrica. A fim de aumentar a confiabilidade das respostas, foram criados, além de uma escala de desempenho (escala de quatro pontos), indicadores numéricos e binários (sim/não). Sugestões para novos indicadores serão certamente bem-vindas.

REFERÊNCIAS BIBLIOGRÁFICAS

BAUER, Martin; GASKELL, George. *Pesquisa qualitativa com texto, imagem e som.* Rio de Janeiro: Vozes, 2002.

BAUER, Ruben. *Gestão da mudança: caos e complexidade nas organizações.* São Paulo: Atlas, 1999.

---

27 Para os profissionais de relações públicas, os *Indicadores Ethos de Responsabilidade Social Empresarial* constituem fonte imprescindível de leitura e consulta. Trata-se do melhor documento disponível para diagnóstico corporativo.

BRASILIANO, Antônio Celso. *Manual de planejamento de gestão de riscos corporativos*. São Paulo: Sicurezza, 2003.
CAHEN, Roger. *Tudo o que seus gurus não lhe contaram sobre comunicação empresarial*. São Paulo: Best Seller, 1986.
CHRISTOPHER, Martin. *O marketing da logística: otimizando processos para aproximar fornecedores e clientes*. São Paulo: Futura, 1999.
GLEISER, Ilan. *Caos e complexidade: a evolução do pensamento econômico*. Rio de Janeiro: Campus, 2002.
FREITAS, Ricardo; SANTOS, Luciane Lucas (orgs.). *Desafios contemporâneos em comunicação: perspectivas de relações públicas*. São Paulo: Summus, 2002.
GRACIOSO, Francisco. *Propaganda institucional: nova arma estratégica da empresa*. São Paulo: Atlas, 1995.
INSTITUTO ETHOS. *Indicadores Ethos de Responsabilidade Social*. São Paulo, 2002 e 2003.
KUNSCH, Margarida Maria Krohling. *Obtendo resultado com relações públicas*. São Paulo: Pioneira, 2001.
LEVITT, Theodor. *A imaginação do marketing*. São Paulo: Atlas, 1990.
OLIVEIRA, Marco. *Vencendo a crise à moda brasileira*. Série Gerência no Brasil. São Paulo: Nobel, 1994.
_____. *Pesquisa de clima interno nas empresas: o caso dos desconfiômetros avariados*. Série Gerência no Brasil. São Paulo: Nobel, 1994.
RABINOVICI, Julia Behera. *Due diligence* ambiental. *Brazilian Business*, n. 187, abril 2003.

ARTIGOS E MATÉRIAS DE JORNAL

AON faz parceria para gerenciar risco. *Gazeta Mercantil*, p. B-4, 27 maio 2003.
DESCOBERTAS mais 13 vítimas de colírio. *Jornal do Brasil*, 19 jun. 2003.
ECOLOGIA: legislação leva empresas a proteger o meio ambiente. *Jornal do Commercio*, 12 e 13 jan. 2003.
HEMOFILIA: Bayer nega venda de remédio com HIV. *Jornal do Commercio*, 23 maio 2003.

INTOXICAÇÃO: remédio tinha 14% de substância venenosa. *Folha de S.Paulo*, 13 jun. 2003.

LODI, João Bosco. O despertar da Governança Corporativa. *Gazeta Mercantil*, 27 abr. 2000.

MILANESE, Daniela. Estudo diz que ações ganham com transparência. *O Estado de S. Paulo*, 8 nov. 2002.

NAYER teve prejuízo de US$ 412 milhões em 2002. *Gazeta Mercantil*, 14 mar. 2003.

NIERO, Nelson. Operações em mar revolto. *Valor Econômico*, 31 mar. 2003.

PETROBRAS melhora a gestão de risco. Mancha controlada. *Exame*, n. 12, 11 jun. 2003, p. 144.

RIOS Pomba e Paraíba estão contaminados. *Jornal do Brasil*, C1, 29 maio 2003.

ARTIGOS ON-LINE

BRASILIANO, Antonio Celso. *A importância de um plano de contingência empresarial*: gerenciamento de crise. Brasiliano & Associados. Disponível em: http://www.brasiliano.com.br/artigo_3301_print.htm

_____. *Plano de contingência* – gerenciamento de crise – "Case do Laboratório Schering do Brasil". Disponível em: http://www.brasiliano.com.br/artigo_498.htm

LACERDA, Leonardo. *Logística reversa*: uma visão sobre os conceitos básicos e as práticas operacionais. Centro de Estudos em Logística da Coppead. Disponível em: http://www.cel.coppead.ufrj.br/fs-public.htm

CAPÍTULO 2
Indicadores de gestão responsável da crise
LUCIANE LUCAS

EMBORA NÃO HAJA uma fórmula exata para orientar o executivo na condução de uma crise corporativa, existem determinadas posturas com que a sociedade espera contar quando situações emergenciais envolvem o nome, o capital humano ou outros ativos de uma empresa. Nesse caso, a crise funciona como um termômetro bastante eficaz, já que é diante dela que as organizações confirmam, por meio de seus atos, se são ou não socialmente responsáveis.

Diante da inexistência de parâmetros específicos para a análise de performance na condução de crises corporativas, os **Indicadores de Gestão Responsável de Crise** (IGRC)[1] foram idealizados como uma alternativa de diagnóstico, permitindo às empresas avaliar seu *timing* de resposta à mídia, às autoridades competentes, às comunidades atingidas, aos consumidores e à opinião pública de modo geral. Com esses indicadores, espera-se oferecer às empresas uma ferramenta útil para acompanhamento permanente e posterior comparação dos resultados alcançados.

Os **Indicadores de Gestão Responsável de Crise** foram divididos em dois grupos – os indicadores gerais, de 1 a 11, que compreendem as posturas em relação aos *stakeholders*, sem especi-

[1] Os Indicadores de Gestão Responsável de Crise (IGRC) foram desenvolvidos a partir dos *Indicadores Ethos de Responsabilidade Social Empresarial*, que serviram de base e fonte de inspiração. Os Indicadores Ethos são, hoje, referência imprescindível quando o assunto é comportamento empresarial socialmente responsável, razão pela qual serviram de modelo para reflexão. Entretanto, os Indicadores de Gestão Responsável de Crise se propõem a atuar especificamente sobre o tema do gerenciamento de crises corporativas, enfatizando a comunicação com os *stakeholders*. Gostaria de fazer um agradecimento especial a Gustavo Baraldi e Glaucia Terreo, que, gentilmente, fizeram uma leitura crítica destes indicadores.

ficar a problemática envolvida, e os indicadores específicos, de 12 a 20, voltados especialmente para a indústria. Neste caso, avaliamos mais a fundo os procedimentos necessários para situações particulares de crise no cenário industrial, em que um erro pode provocar efeitos exponenciais em escala, comprometendo o meio ambiente e a saúde humana. São problemas que podem deflagrar desdobramentos de tal modo perniciosos que colocam em risco não só a reputação e a imagem da empresa, como também sua condição de sobrevivência. Estão entre eles os acidentes no transporte de substâncias químicas, o vazamento de aterros sanitários, a contaminação do meio ambiente com resíduos industriais, as fraudes e os roubos internos, as chantagens com ameaça de contaminação de lotes de produção, a adulteração acidental de rótulos e produtos, os acidentes com mutilação ou morte de funcionários no piso de fábrica e os altos riscos envolvidos na ausência de procedimentos mais seguros na condução do *recall*.

Todos os indicadores são apresentados em quatro níveis, de modo que a empresa possa não só definir seu momento como também aprimorar sua condição de resposta dentro do que se considera um comportamento socialmente responsável. Os dados complementares servem para uma reflexão mais detalhada sobre as posturas efetivas da empresa e para que ela reflita sobre as ferramentas de gestão e comunicação freqüentemente usadas. Os indicadores quantitativos, por sua vez, permitem às organizações acompanhar a evolução de sua performance na condução das crises corporativas.

INDICADORES GERAIS
1. SOBRE AS PRÁTICAS DE GESTÃO DA PRODUÇÃO, A EMPRESA:

NÍVEL 1 ☐	NÍVEL 2 ☐	NÍVEL 3 ☐	NÍVEL 4 ☐
Preocupa-se com a qualidade da produção, mas suas ações preventivas se dirigem apenas às situações de alto risco no ambiente de trabalho, em que a taxa de sinistralidade é alta e as medidas de segurança são indispensáveis.	Considera o impacto de suas decisões na credibilidade perante os *stakeholders* e realiza estudos de impacto ambiental. Investe em programas de saúde e segurança no trabalho.	Incorpora o princípio de sustentabilidade e tem comportamento responsável quanto aos *stakeholders*. Além disso, investe em processos mais seguros de gestão da produção e desenvolve previamente planos alternativos no caso de acidentes.	Adota a logística reversa, respondendo por seus dejetos, e desenvolve procedimentos de segurança na gestão da produção, a fim de prevenir acidentes envolvendo funcionários, consumidores ou comunidade. Investe em processo de reutilização e compensação ambiental, além de implementar plano de emergência para situações de risco.

DADOS COMPLEMENTARES	2002	2003	2004
Número de processos ou multas por conta de danos causados ao consumidor ou à comunidade			
Número de acidentes causados ao meio ambiente por condições insatisfatórias na gestão da produção			
Número de acidentes de fábrica ocasionados por problemas na gestão da produção			
Percentual anual do faturamento bruto que é destinado à implantação de procedimentos de segurança no gerenciamento da produção			

2. COM RELAÇÃO AOS SEUS DEJETOS, A EMPRESA:

Contrata firma especializada na incineração e no aterro de dejetos sempre que necessário.	Acompanha o destino de seus dejetos – principalmente daqueles que oferecem risco ao ambiente –, mesmo quando contrata empresa especializada na eliminação dos resíduos de produção.	Responde por seus dejetos sólidos, incinerando-os ou enviando-os para aterro sanitário. Tem área de tratamento para efluentes líquidos e adota procedimentos de controle de emissões atmosféricas. Busca otimizar seus recursos.	Reduz a geração de resíduos perigosos e acompanha o fim dos dejetos industriais, incinerando resíduos sólidos contaminados ou que representem risco à saúde. Adota medidas de segurança em caso de aterro sanitário e procura reciclar a maior parte do material, com formas criativas de aplicação, segundo o princípio de auto-sustentabilidade.
NÍVEL 1 ☐	NÍVEL 2 ☐	NÍVEL 3 ☐	NÍVEL 4 ☐

DADOS COMPLEMENTARES	SIM	NÃO
A empresa teve, nos últimos três anos, algum incidente envolvendo seus aterros sanitários?		
A empresa desenvolve algum projeto de sustentabilidade em relação aos seus dejetos? Especificar.		
A empresa tem sistema de reuso de água?		

INDICADORES QUANTITATIVOS	2002	2003	2004
Percentual de resíduos reaproveitados			
Percentual do faturamento anual investido no tratamento de dejetos e na redução de resíduos e efluentes			
Uso de água para cada tonelada produzida (em m³)			
Descarte de efluentes (em m³/t)			
Emissão de gás carbônico na atmosfera (em kg/t)			
Consumo de energia elétrica (em kWh/t)			

3. QUANTO À ADOÇÃO DE PLANOS DE DESASTRE (*DISASTER SHEETS*), A EMPRESA:

NÍVEL 1	NÍVEL 2	NÍVEL 3	NÍVEL 4
Não tem plano de emergência, mas se prontifica imediatamente no caso de crise/acidente/catástrofe.	Tem um plano de desastre e já sabe como proceder em caso de emergência, estando pronta para atender funcionários, comunidade e imprensa em situações de crise/catástrofe/desastre.	Tem *disaster sheet*, forma grupos de contingência, investe no treinamento das equipes e já submeteu a teste seu plano de contingência.	Desenvolve um trabalho sistemático de preparação do público interno para lidar com situações de crise. Forma previamente comitês de contingência, implementa rotinas para o caso de acidentes e aproveita as oportunidades de melhoria para otimizar processos.
☐	☐	☐	☐

DADOS COMPLEMENTARES			
Os planos de desastre explicitam os termos de compromisso para com funcionários, consumidores e comunidade?		SIM	NÃO

INDICADORES QUANTITATIVOS	2002	2003	2004
Percentual investido em preparação dos recursos humanos para situações de crise e atuação em contingências, em relação à verba alocada em treinamento			
Percentual de empregados envolvidos			

4. AO IDENTIFICAR PROBLEMAS QUE PONHAM EM RISCO A SEGURANÇA DE SEUS CONSUMIDORES, A EMPRESA:

Adota medidas mais severas no controle interno da produção e comunica as autoridades competentes se não puder resolver o problema.	Adota um controle mais rígido da produção e avisa as autoridades competentes tão logo o problema acontece. Orienta os funcionários sobre o ocorrido, preparando-os para medidas de emergência.	Retira do mercado apenas os lotes com alto risco e adota controles mais rigorosos tanto sobre a produção quanto sobre a saída de produtos. Em casos extremos, em que o risco é muito alto, paralisa a produção. Avisa autoridades competentes e orienta funcionários.	Paralisa a produção e/ou retira os produtos de risco da prateleira, até se certificar de que a situação está sob controle e de que o perigo de acidente já não existe. Tranqüiliza a população, comunicando as medidas de segurança adotadas. Notifica autoridades e orienta funcionários quanto a medidas adicionais de segurança, de acordo com a natureza do problema.
NÍVEL 1 ☐	NÍVEL 2 ☐	NÍVEL 3 ☐	NÍVEL 4 ☐

DADOS COMPLEMENTARES

	SIM	NÃO
Há descentralização de poder e delegação de autoridade, de modo que níveis intermediários, em caso de iminência de acidentes, possam autorizar a paralisação da produção?		

INDICADORES QUANTITATIVOS

	2002	2003	2004
Tempo médio para avisar as autoridades competentes (em dias)			
Tempo médio para tomada de decisão e paralisação da produção/retirada do produto do mercado, em casos críticos (em dias)			
Tempo médio para avisar a população em caso de acidente, catástrofes ou desastres (em dias)			

5. EM RELAÇÃO AO COMPROMISSO COM A SEGURANÇA DO FUNCIONÁRIO, A EMPRESA:

Adota medidas de segurança e cuidados com a saúde do trabalhador, respeitando a legislação trabalhista. Mantém cursos de prevenção de acidentes, incentivando as atividades da Cipa nas instalações da empresa.	Desenvolve um programa permanente de prevenção de acidentes, incorporando treinamento sistemático para situações de risco. Ouve as reivindicações do corpo funcional e aprimora as condições de segurança do sistema de produção.	Além de um programa sistemático de prevenção de acidentes, a empresa desenvolve indicadores internos de desempenho que mensurem sua evolução quanto às condições de trabalho e segurança, permitindo melhorias contínuas.	Adota sistema de gestão em saúde e segurança no trabalho e possui indicadores para mensurar seu desempenho. Oferece as mesmas condições de trabalho e segurança aos terceirizados. Possui plano de emergência para situações de risco, envolvendo remoção de empregados/ terceiros. Tem metas de segurança e um comitê de funcionários para acompanhar o alcance dessas metas.
NÍVEL 1 ☐	NÍVEL 2 ☐	NÍVEL 3 ☐	NÍVEL 4 ☐

DADOS COMPLEMENTARES	SIM	NÃO
A empresa possui certificações como SA 8000, BS 8800 ou OHSAS 18.001? Especificar:		
Os fornecedores são estimulados a adotar certificação relacionada com a segurança e a saúde do trabalhador?		

INDICADORES QUANTITATIVOS	2002	2003	2004
Média de treinamentos em procedimentos de segurança por empregado/ano			
Número de acidentes envolvendo funcionários			
Número de acidentes envolvendo terceiros			
Percentual de terceiros que participam de treinamentos em atividades de risco			
Percentual de empregados/terceiros que sofreram danos irreversíveis por conta de acidentes de trabalho			

6. SOBRE O NÍVEL DE COMPROMETIMENTO COM A COMUNIDADE NO CASO DE ACIDENTES/CATÁSTROFES/DESASTRES, A EMPRESA:

Publica comunicado oficial lamentando o ocorrido, mas só assume responsabilidade pública se esta for a orientação do jurídico.	Monta uma operação de emergência e presta socorro imediato às vítimas, mobilizando-se para minimizar os impactos do episódio.	Além de prestar socorro imediato às vítimas do acidente, oferece assistência financeira e psicológica aos familiares ou à comunidade atingida, conforme o caso.	Presta socorro imediato às vítimas e monta uma operação de pronto atendimento e informação aos familiares, providenciando assistência financeira e psicológica proporcional aos danos provocados. Além disso, considera os desdobramentos possíveis do acidente e se engaja na busca de soluções efetivas para o problema.
NÍVEL 1 ☐	NÍVEL 2 ☐	NÍVEL 3 ☐	NÍVEL 4 ☐

INDICADORES QUANTITATIVOS	2002	2003	2004
Número de acidentes envolvendo a comunidade			
Total gasto com indenizações jurídicas			
Proporção entre os gastos com assistência financeira, profissional ou alimentícia às comunidades atingidas e o valor das indenizações pagas à comunidade			
Percentual gasto – do total investido em ações de responsabilidade social, neste período – com correção de procedimentos e/ou prevenção de catástrofes			

7. DIANTE DA MÍDIA, EM CASO DE ACIDENTE, A EMPRESA:

NÍVEL 1	NÍVEL 2	NÍVEL 3	NÍVEL 4
Evita dar declarações até que os fatos possam ser provados. Não atende jornalistas enquanto não tiver dados concretos que sustentem o argumento da empresa.	Atende jornalistas quando procurada e se dispõe a dar entrevista, mas não procura a mídia para dar ciência do fato à opinião pública. Se for o caso, prefere notas oficiais.	Dá ciência, por intermédio de sua assessoria de imprensa, do problema que enfrenta, além de publicar notas oficiais e/ou comunicados nos principais veículos.	Organiza coletiva de imprensa ou atende individualmente os jornalistas, relatando o problema e apresentando as medidas corretivas que pretende adotar. Desenvolve um trabalho permanente de informação aos veículos, com a finalidade de evitar distorções do fato ou versões paralelas.
☐	☐	☐	☐

DADOS COMPLEMENTARES

	SIM	NÃO
Considera que a mídia tem divulgado os dados principais relativos aos acidentes?		
Houve, nos últimos três anos, alguma tentativa de impedir a veiculação de matérias sobre crises corporativas ou acidentes por conta do bom relacionamento entre a assessoria de imprensa e os veículos de comunicação?		

INDICADORES QUANTITATIVOS

	2002	2003	2004
Número de matérias publicadas sobre crises e acidentes envolvendo a empresa			
Percentual de cobertura negativa, apontando a empresa como responsável			

8. SOBRE O NÍVEL DE INFORMAÇÃO DA OPINIÃO PÚBLICA EM CASO DE RISCO, A EMPRESA:

Não adverte a opinião pública em casos de riscos com receio de disseminar o pânico ou alimentar boatos.	Adverte a opinião pública apenas nos casos em que a saúde da população ou sua sobrevivência podem ficar visivelmente comprometidas.	Adverte para o problema e se prontifica a orientar a população por meio da central de atendimento. Estabelece bases de transparência na comunicação permanente com a mídia.	Adverte para os riscos quando o problema ainda não se desdobrou em acidente e informa as ações corretivas empreendidas para saná-lo, tranquilizando a população. Estimula a informação permanente por meio da imprensa e faz uso constante das ferramentas de comunicação com o público, de modo a não deixar dúvidas sobre a postura corporativa na condução do problema.
NÍVEL 1 ☐	NÍVEL 2 ☐	NÍVEL 3 ☐	NÍVEL 4 ☐

INDICADORES QUANTITATIVOS	2002	2003	2004
Proporção entre o número de episódios corporativos envolvendo risco para a população e o número de vezes em que a situação foi mantida em sigilo			

9. SOBRE O NÍVEL DE INFORMAÇÃO DA OPINIÃO PÚBLICA EM CASO DE ACIDENTES/CATÁSTROFES/DESASTRES, A EMPRESA:

NÍVEL 1	NÍVEL 2	NÍVEL 3	NÍVEL 4
Opta por não se expor enquanto não possui dados concretos sobre a dimensão do acidente, ainda que surjam boatos e versões do fato.	Publica um comunicado oficial tão logo seja possível. Reúne números/dados que amparem suas decisões, evitando problemas com a opinião pública, e se dispõe a explicar mais detalhadamente o ocorrido se a população assim o quiser.	Comunica o acidente à população e mantém a opinião pública informada sobre seus procedimentos para corrigir o problema. Não nega sua parcela de responsabilidade e enfatiza, nas suas declarações, seus esforços para sanar o problema.	Assume o compromisso de manter a opinião pública sempre informada sobre os procedimentos para corrigir o fato e reduzir seus impactos sociais. Usa de forma transparente e útil a assessoria de imprensa e a propaganda institucional para prestar conta dos resultados das ações corretivas e informar os parâmetros futuros a ser adotados.
☐	☐	☐	☐

INDICADORES QUANTITATIVOS

Investimento anual em propaganda institucional para informar procedimentos corretivos e resultados alcançados após situações de crise

	2002	2003	2004

10. COM RELAÇÃO À INFLUÊNCIA DO JURÍDICO DIANTE DOS DANOS CAUSADOS, A EMPRESA:

Aciona o jurídico como instância principal na negociação com consumidores ou integrantes da comunidade, a fim de reduzir o valor de indenizações. Considera a hipótese de acionar o jurídico para vetar a veiculação de conteúdos na mídia que a exponham negativamente.	Evita que a insatisfação da comunidade ou dos consumidores chegue aos tribunais, tentando conciliação por meio da arbitragem ou da negociação direta entre as partes. Tem um *ombudsman* atuante que acompanha mais de perto as situações de insatisfação.	Incentiva a formação de comitês de clientes e a conversa com líderes comunitários, de modo a acompanhar mais de perto as questões que geram insatisfação. O *ombudsman* tem autonomia para agir.	Recebe permanente orientação jurídica sobre questões como direito do consumidor e preservação ambiental, adota instâncias de análise e acompanhamento de problemas com a comunidade e os consumidores, estimulando os comitês de clientes e o diálogo permanente com os líderes comunitários. Delega autoridade e autonomia ao *ombudsman* para resolver problemas, minimizando a ida aos tribunais.
☐ NÍVEL 1	☐ NÍVEL 2	☐ NÍVEL 3	☐ NÍVEL 4

DADOS COMPLEMENTARES	SIM	NÃO
Liminares na justiça com o objetivo de impedir a veiculação de matérias desfavoráveis sobre a empresa		
Número de vezes em que a empresa acionou seu direito de resposta		

INDICADORES QUANTITATIVOS	2002	2003	2004
Número de processos, nos últimos três anos, acionados pela empresa por conta de calúnia			
Número de processos, nos últimos três anos, acionados pela empresa por conta de difamação			
Percentual de problemas resolvidos pelo *ombudsman*			

11. QUANTO À MENSURAÇÃO DE SEUS ÍNDICES DE CREDIBILIDADE, A EMPRESA:

Faz auditoria de imagem de tempos em tempos, buscando saber o que pensam a mídia e outros formadores de opinião.	Faz, periodicamente, pesquisa de clima interno e de satisfação com os principais stakeholders da companhia.	Além das pesquisas de clima interno e da auditoria de opinião perante seus públicos-alvo, faz mensuração do impacto de suas ações por conta de acidentes.	Cria o hábito de usar preditivamente as fontes de informação disponíveis. Acompanha os sintomas de insatisfação identificados nas pesquisas de clima e nas auditorias de opinião. Além disso, cria indicadores de desempenho em relação aos stakeholders e realiza pesquisas durante situações de crise para acompanhar o nível de aceitação/ rejeição das ações corporativas.
NÍVEL 1 ☐	NÍVEL 2 ☐	NÍVEL 3 ☐	NÍVEL 4 ☐

INDICADORES QUANTITATIVOS	2002	2003	2004
Investimentos anuais em pesquisa/auditoria de opinião			
Número de pesquisas anuais			
Freqüência de pesquisas/ano			
Percentual de uso da pesquisa para amparar ou confirmar decisões em situações de crise/acidente/catástrofe			

INDICADORES ESPECÍFICOS PARA INDÚSTRIAS
12. EM CASO DE ACIDENTE DURANTE O TRANSPORTE DE SUBSTÂNCIAS QUÍMICAS TÓXICAS OU INFLAMÁVEIS, A EMPRESA:

Assim que toma as providências de emergência para conter as proporções do acidente, avisa as autoridades locais.	Comunica prontamente às autoridades e busca apoio de especialistas para solucionar o problema, de modo a reduzir seu impacto na natureza e na vida da comunidade.	Alicerça suas ações nos dados levantados pelos especialistas, seguindo os procedimentos necessários para contenção imediata do acidente. Atende a imprensa e a mantém informada dos procedimentos adotados.	Avisa prontamente as autoridades ambientais. Faz análise de impacto e providencia a limpeza e o isolamento do local, segundo normas de segurança. Avisa a imprensa e se coloca à disposição para dar informação permanente. Orienta a população e dá assistência às comunidades atingidas, recuperando a área impactada.
NÍVEL 1 ☐	NÍVEL 2 ☐	NÍVEL 3 ☐	NÍVEL 4 ☐

DADOS COMPLEMENTARES

	SIM	NÃO
A empresa orienta seus funcionários no transporte de substâncias perigosas, treinando-os para situações críticas?		
A empresa oferece ao funcionário ficha com dados de segurança de cada produto (MSDS), assegurando o acesso rápido às informações sobre risco e modo de manipulação da substância em caso de emergência/acidente?		
A empresa assume os custos de contenção do acidente e limpeza, ainda quando não são cobertos pelas apólices de responsabilidade civil?		

INDICADORES QUANTITATIVOS

	2002	2003	2004
Percentual anual gasto com treinamento dos empregados submetidos às substâncias químicas			
Número de acidentes envolvendo transporte de carga com substâncias químicas			

13. EM CASO DE ACIDENTE NO PISO DE FÁBRICA, COM MUTILAÇÃO OU MORTE DE FUNCIONÁRIO, A EMPRESA:

Encaminha a situação ao setor de RH para comunicação aos familiares, prestando os primeiros socorros. Reúne informações mais consistentes sobre o acidente, para só então se posicionar publicamente.	Presta socorro imediato aos funcionários acidentados e avisa a família dos empregados. Adota a transparência como conduta perante a mídia.	Tem plano de emergência já considerando transporte e transferência dos funcionários acidentados. Orienta familiares e oferece ajuda financeira, assumindo gastos hospitalares. É transparente na comunicação à mídia.	Aciona seu plano de emergência, executando a rotina previamente definida quanto ao transporte e à transferência das vítimas, incluindo ai prestadores de serviço. Aciona apoio psicológico e financeiro à família. É transparente na condução do fato perante a mídia e cuida da comunicação interna para minimizar boatos.
NÍVEL 1 ☐	NÍVEL 2 ☐	NÍVEL 3 ☐	NÍVEL 4 ☐

DADOS COMPLEMENTARES	SIM	NÃO
A empresa adota sistema de gestão em saúde e segurança no trabalho? Especificar:		
Possui indicadores para mensurar o desempenho da empresa em relação à segurança e aos níveis de saúde funcional?		
Tem um comitê de funcionários para acompanhar o alcance das metas de segurança?		
Possui plano de emergência para situações de risco, envolvendo remoção de empregados/terceiros?		

INDICADORES QUANTITATIVOS	2002	2003	2004
Gastos com despesas funerárias			

14. QUANDO DEJETOS TÓXICOS MANTIDOS EM ATERROS SANITÁRIOS VAZAM, A EMPRESA RESPONSÁVEL POR ELES:

NÍVEL 1	NÍVEL 2	NÍVEL 3	NÍVEL 4
Avisa as autoridades locais e aciona o jurídico para responsabilizar a empresa contratada pelo serviço. ☐	Comunica prontamente às autoridades ambientais e governamentais, prontificando-se a retirar o produto do aterro sanitário. Colabora com as instâncias ambientais para que os procedimentos sigam os parâmetros de segurança cabíveis. ☐	Avisa à população dos riscos e às autoridades ambientais, tão logo sabe do acidente. Toma imediatamente as medidas judiciais cabíveis para forçar a terceirizada a destruir os dejetos sob sua responsabilidade. ☐	Retira imediatamente o produto do local onde foi indevidamente armazenado, atentando para as medidas de segurança. Sendo necessário, adota medidas judiciais para antecipação de tutela. Adverte a população e verifica as condições de saúde da comunidade na zona de risco, oferecendo assistência médica aos atingidos. Registra queixa-crime e aciona judicialmente a empresa prestadora de serviço no âmbito civil. ☐

DADOS COMPLEMENTARES

A empresa adota procedimentos de segurança e controle ao contratar prestadores de serviço especializados na distribuição e incineração de resíduos? Especificar o método de controle adotado:

Estabelece critérios para avaliação de seus fornecedores quanto à qualidade dos serviços prestados (transporte de substâncias, incineração de dejetos/lixo químico, aterro sanitário)?

Possui plano de emergência para situações de risco, envolvendo procedimentos para a remoção de dejetos sob a responsabilidade de terceiros?

INDICADORES QUANTITATIVOS

	SIM	NÃO	2002	2003	2004
Número de auditorias realizadas para inspeção dos aterros sanitários ou de procedimentos de incineração de detritos sólidos					
Gastos com incineração de dejetos					
Gastos com manutenção de aterro sanitário					
Número de processos na justiça por conta de problemas com aterros sanitários, tratamento de efluentes e emissão de gases					

15. EM CASO DE VAZAMENTO DE RESÍDUOS INDUSTRIAIS ORIUNDOS DA PRODUÇÃO, A EMPRESA:

Avisa as autoridades ambientais e assume postura colaborativa com elas na contenção do acidente, adotando procedimentos imediatos de limpeza e recuperação da área afetada.	Além de informar prontamente às autoridades ambientais e adotar, de imediato, procedimentos de limpeza e contenção do acidente, monta operação de emergência para prestar esclarecimentos à mídia e à população atingida.	Avisa as autoridades e inicia, de imediato, procedimentos de recuperação da área. Abastece com água mineral os municípios atingidos e tem atitude proativa em relação à imprensa, informando passo a passo as ações para minimizar os danos.	Responde por todos os custos de contenção do acidente e pela limpeza da área atingida. Faz análise de impacto (água, solo e lençol freático) e adota medidas preventivas e de compensação ambiental (repovoamento de rios, construção de barragem para evitar contaminação). Abastece os municípios com água mineral e presta assistência financeira aos pescadores da região. Age com transparência em relação às autoridades e mantém a imprensa permanentemente informada.
NÍVEL 1 ☐	NÍVEL 2 ☐	NÍVEL 3 ☐	NÍVEL 4 ☐

INDICADORES DE GESTÃO RESPONSÁVEL DA CRISE ■ 87

DADOS COMPLEMENTARES	SIM	NÃO
A empresa desenvolve projetos para substituição de substâncias químicas não degradáveis por substâncias orgânicas/biológicas que não agridam o meio ambiente? Especificar.		
A empresa tem projetos de auto-sustentabilidade dos seus dejetos, buscando reciclá-los para novas aplicações industriais ou agrícolas?		

INDICADORES QUANTITATIVOS	2002	2003	2004
Quantidade de substâncias químicas que foram lançadas em meio ambiente marinho ou em rios. Especificar as substâncias:			
Investimento anual na instalação e manutenção de filtros para tratamento de efluentes			
Novos processos gerados na área civil por conta de contaminação do meio ambiente com dejetos industriais			
Novos processos na área criminal por conta de contaminação do meio ambiente com dejetos industriais			
Volume médio diário de poluentes lançados no meio ambiente			

16. QUANDO ENVOLVIDA EM DESASTRES ECOLÓGICOS, COM VAZAMENTO DE ÓLEO OU OUTRAS SUBSTÂNCIAS ALTAMENTE TÓXICAS EM AMBIENTE MARINHO, A EMPRESA:

Conta à imprensa o que aconteceu tão logo seja procurada. Socorre as vítimas do acidente e adota postura colaborativa com as autoridades ambientais.	Avisa prontamente as autoridades ambientais e políticas. Socorre as vítimas, presta assistência e fornece infra-estrutura a elas enquanto o problema não é resolvido. É transparente na condução do episódio perante a mídia.	Além de avisar as autoridades e prestar socorro às vítimas ou comunidades atingidas, comunica à imprensa os procedimentos adotados para contenção do acidente e minimização de danos à população. Monitora de perto a evolução do quadro e trabalha em parceria com as instâncias ambientais.	Interrompe a produção tão logo os primeiros sinais de irregularidade sejam detectados. Aciona imediatamente seu plano de desastre, avisando as autoridades ambientais e políticas e mobilizando as equipes de análise de impacto e reparo. Comunica o fato à imprensa, informando procedimentos para contenção do acidente. Orienta a população sobre os riscos, socorre as vítimas e oferece assistência às comunidades atingidas. Monitora a expansão do derrame e providencia limpeza da área e contenção do acidente.
☐	☐	☐	☐
NÍVEL 1	NÍVEL 2	NÍVEL 3	NÍVEL 4

DADOS COMPLEMENTARES	SIM	NÃO
A empresa tem aporte tecnológico para monitorar a expansão do derrame, em caso de acidente?		

INDICADORES QUANTITATIVOS	2002	2003	2004
Número de acidentes envolvendo derramamento de óleo em baías e águas marinhas			
Volume anual de vazamento de óleo (em m³)			
Número de projetos/pesquisas que a empresa desenvolve na busca de tecnologias alternativas para remoção de óleo do mar			
Gastos anuais com revisão de sistemas e automação de dutos			
Gastos anuais com limpeza e recuperação do ambiente marinho nas áreas atingidas			

17. EM CASO DE FRAUDES ENVOLVENDO FUNCIONÁRIOS E ROUBO INTERNO DE PRODUTOS, A EMPRESA:

Atua com discrição, mas, na maior parte das vezes, demite o funcionário por justa causa.	Avisa a polícia e demite o funcionário por justa causa. Aciona a auditoria interna para apurar possíveis colaboradores na fraude.	Além de avisar as autoridades competentes e acionar a auditoria interna para verificar a extensão da fraude, retira os produtos que foram irregularmente parar no mercado. Submete o caso ao comitê de ética para apuração dos envolvidos e aplicação de sanção.	Avisa a polícia e demais autoridades competentes. Submete o caso ao comitê de ética, formado por funcionários, para aplicação da devida sanção. Orienta a população quanto aos riscos, em caso de produtos disponíveis irregularmente para consumo. Comunica o fato à imprensa, informando o ocorrido, bem como os procedimentos adotados para retirar o produto de circulação.
NÍVEL 1 ☐	NÍVEL 2 ☐	NÍVEL 3 ☐	NÍVEL 4 ☐

INDICADORES DE GESTÃO RESPONSÁVEL DA CRISE ■ 91

DADOS COMPLEMENTARES	SIM	NÃO
A empresa possui um comitê de ética ou auditoria interna para apurar e legislar sobre os casos de irregularidades internas?		

INDICADORES QUANTITATIVOS	2002	2003	2004
Número de demissões por justa causa em caso de fraude			
Proporção entre o número de acordos com afastamento e o número de demissões em caso de fraude			
Proporção média entre o número de denúncias anônimas apuradas e o número de ignoradas			
Gastos com auditoria externa			
Freqüência anual com que a empresa auditora seus relatórios contábeis			
Número de episódios em que a empresa se viu exposta por conta de roubo interno e venda irregular de seus produtos			

18. QUANDO É VÍTIMA DE CHANTAGEM, COM AMEAÇA DE CONTAMINAÇÃO OU ADULTERAÇÃO DE PRODUTOS, A EMPRESA:

Só informa a população quando o primeiro caso acontece, para não gerar pânico nos consumidores e na opinião pública.	Aumenta o rigor na saída dos produtos da fábrica, desenvolvendo procedimentos imediatos que aumentem a segurança dos produtos nos pontos-de-venda.	Além das denúncias na polícia e na Vigilância Sanitária, desenvolve ou aperfeiçoa os procedimentos de segurança na entrada de matéria-prima e na saída de produtos. Retira apenas os lotes com alto risco de contaminação e reforça o trabalho dos supervisores nos pontos-de-venda.	Denuncia o fato às autoridades competentes, avisa clientes e fornecedores e comunica a chantagem à imprensa. Com o devido conhecimento da população de que procedimentos de segurança estão sendo tomados, testa permanentemente lotes de produtos e, uma vez confirmada a adulteração, retira de imediato da prateleira todas as mercadorias que apresentam risco de contaminação. Aperfeiçoa procedimentos de segurança na entrada de matéria-prima e na saída de produtos, testando e substituindo embalagens sujeitas à adulteração. Mantém controle rígido sobre os pontos-de-venda.
NÍVEL 1 ☐	NÍVEL 2 ☐	NÍVEL 3 ☐	NÍVEL 4 ☐

DADOS COMPLEMENTARES	SIM	NÃO
Há embalagens que ainda oferecem risco de contaminação externa?		

INDICADORES QUANTITATIVOS	2002	2003	2004
Freqüência anual de comunicações anônimas sugerindo adulteração de produtos			
Número de casos em que foram confirmadas as denúncias de contaminação ou adulteração de produtos			
Número de episódios em que a empresa pagou a chantagem			
Número de episódios envolvendo envenenamento e/ou morte de consumidores			
Freqüência com que a empresa testa seus lotes em caso de ameaça de adulteração de produtos			
Número de episódios em que a empresa se viu exposta por conta de chantagem ou tentativa de extorsão			
Freqüência com que o episódio chega à mídia por denúncia anônima			

19. EM CASO DE ADULTERAÇÃO ACIDENTAL DE PRODUTO POR CONTA DE ERROS NO PROCESSO DE PRODUÇÃO, INCLUINDO ROTULAGEM INCORRETA, A EMPRESA:

Busca resolver a questão corrigindo o problema dali por diante, mas opta por não expor o fato à população enquanto o assunto não vem à tona. Se o fato constitui risco evidente, retira de circulação os lotes com problema.	Dispõe de um canal de comunicação com o consumidor e, tão logo identifica o problema, convoca o cliente para fazer a troca do produto ou a revisão do serviço. Não comunica diretamente o fato à mídia. Revê procedimentos para que erros semelhantes não voltem a acontecer.	É a primeira a informar seus consumidores sobre o problema, relatando também as providências corporativas imediatas. Dispõe-se a reparar o erro perante o cliente e informa seus passos à opinião pública por meio de um trabalho consistente de assessoria de imprensa.	Retira de circulação todos os lotes de risco. Avisa autoridades competentes, bem como hospitais, farmácias e pontos-de-venda. Disponibiliza informação pela central de atendimento, montando operação de emergência para acompanhamento de casos especiais. Presta assistência imediata às vítimas e alerta a população, informando os procedimentos adotados para sua segurança. Comunica à mídia os procedimentos adotados.
☐ NÍVEL 1	☐ NÍVEL 2	☐ NÍVEL 3	☐ NÍVEL 4

INDICADORES QUANTITATIVOS	2002	2003	2004
Número de ocorrências envolvendo rotulagem incorreta de produtos			
Freqüência com que a empresa enfrenta problemas de adulteração acidental de produtos			
Volume de perda financeira por conta de adulteração acidental ou rotulagem incorreta de produtos			
Freqüência com que o episódio chega à mídia por outra fonte de informação			
Número de episódios envolvendo envenenamento e/ou morte de consumidores			
Freqüência com que a empresa retira seus produtos de exposição por conta de erros no processo de produção			

20. CONSTATADA A NECESSIDADE DE *RECALL*, A EMPRESA:

NÍVEL 1	NÍVEL 2	NÍVEL 3	NÍVEL 4
Publica o *recall* em órgãos de grande circulação, conforme a lei determina.	Publica o *recall* nos principais veículos de comunicação, além de enviar carta para a residência do consumidor, relatando o problema e convocando o usuário a comparecer a uma concessionária para efetuar o reparo.	Além de publicar anúncio nos principais veículos e enviar carta para o consumidor, demonstra preocupação em fazer o *follow-up* do *recall*, considerando os riscos de acidente para o usuário e os possíveis reflexos na credibilidade da marca.	Publica o *recall* na internet e em órgãos de grande circulação – preferencialmente televisão e rádio – tão logo o defeito seja descoberto, convocando os clientes também por telegrama. Aciona o SAC para fazer o *follow-up*. Comunica à imprensa que está fazendo *recall* e os procedimentos adotados para maior segurança do consumidor. Oferece outro veículo ao cliente enquanto o reparo não é feito e, caso o consumidor more em outro município, custeia o transporte do veículo, salvaguardando o usuário de risco de acidente na estrada.
☐	☐	☐	☐

INDICADORES DE GESTÃO RESPONSÁVEL DA CRISE ■ 97

DADOS COMPLEMENTARES	SIM	NÃO
Há pessoal especializado em manutenção trabalhando na linha de montagem?		

DADOS COMPLEMENTARES
Instrumentos usados para comunicar o *recall*:
Procedimento adotado quando o usuário não responde:

INDICADORES QUANTITATIVOS	2002	2003	2004
Número de veículos submetidos a *recall*			
Percentual de *recall* em relação à produção de veículos			
Número de comunicados feitos apenas às concessionárias			
Volume gasto com programas de conscientização e esclarecimento das concessionárias quanto à necessidade de trocar peças com defeito			
Número de acidentes graves ou fatais por conta de defeitos no processo de produção			
Número de novos processos por conta de acidentes com vítimas			
Percentual de ocorrência em que o consumidor é obrigado a viajar com seu veículo até a cidade mais próxima em razão do *recall*			
Percentual em que as reclamações no SAC e as convocações para *recall* geraram alterações na produção			
Tempo médio (em dias) entre a descoberta do defeito e a troca da peça ou conserto do veículo			

PARTE 2

Ferramentas para a gestão da credibilidade

CAPÍTULO 3
O *clipping* como ferramenta estratégica da assessoria de imprensa
RENATA UTCHITEL

Uma breve introdução sobre assessoria de imprensa

AO CONTRÁRIO do que muitos pensam, a assessoria de imprensa não se resume a um esforço unilateral para estampar uma marca – ou uma pessoa – em jornais, revistas e programas de TV. Sobre isso, três considerações precisam ser feitas:

1 o trabalho do assessor de imprensa compreende muitas e distintas tarefas: identificação e garimpo de notícias, redação de textos apropriados, levantamento de mídia (identificação dos jornalistas que cobrem determinados assuntos), promoção de um relacionamento permanente e profissional com a mídia e análise estratégica de tudo que é publicado – sobre o cliente ou o que lhe interessa – entre algumas outras coisas;

2 atualmente, a mídia vai muito além do trivial. Podem (e devem) ser explorados publicações especializadas, *sites* na Internet, canais de TV a cabo, boletins institucionais. Não é suficiente escolher o programa do horário nobre ou o jornal de maior circulação se estes não são dirigidos ao público que se pretende atingir. A redução do preço de uma passagem rodoviária regional, por exemplo, merece capa de um jornal popular, como *O Dia*, ou de um jornal de negócios, como o *Valor Econômico*?;

3 nada é unilateral. No trabalho de assessoria de imprensa são cruciais a colaboração e a disponibilidade total do maior interessado na divulgação: o cliente.

Algumas empresas têm visibilidade natural – seja ela boa ou ruim – e são freqüentemente procuradas por jornalistas. É o caso de grandes companhias que podem comentar com amplo conhecimento o setor no qual atuam (como acontece com muitos bancos), companhias cujos serviços têm grande influência na vida da população (como a CEG – Gás Natural ou a Light, que operam no estado do Rio de Janeiro) ou, ainda, empresas que estão sempre envolvidas em problemas ambientais (como vem acontecendo com a Petrobras). Para citar apenas alguns exemplos.

Outras empresas buscam uma exposição positiva para aumentar seu número de clientes, propagar sua marca e apoiar ações. Na grande imprensa do Rio de Janeiro foi perceptível[1] um verdadeiro duelo entre duas novas companhias de telefonia móvel: a Oi e a Tim, bandas D e E, respectivamente. Entre as mirabolantes ações de marketing das empresas[2], estão campanhas publicitárias com artistas conhecidos da atualidade e uma ação agressiva de assessoria de imprensa. Só no *Valor Econômico*, por exemplo, cada uma das empresas foi citada mais de trinta vezes ao longo dos meses de setembro e outubro de 2002[3], em matérias sobre o setor, tecnologias utilizadas, ações de marketing e promoções.

Mas, tendo a empresa exposição espontânea ou não, algumas premissas não podem ser esquecidas:

- a demanda da imprensa deve ser atendida sempre que possível. Quando o jornalista entrar em contato com a empresa para tirar dúvidas, fazer questionamentos ou mesmo solicitar uma

---

[1] Ao longo do ano de 2002.
[2] OI usa Dolly para dizer que celular é a prova de clone. *Valor Econômico*, São Paulo, 23 set. 2002.
[3] Pesquisa realizada no *site* do jornal *Valor Econômico* (http://www.valoreconomico.com.br).

entrevista sobre um assunto que não é de interesse da companhia, deve ser atendido com educação e esclarecido até sobre as razões da impossibilidade de resposta;

- a empresa deve tomar a iniciativa de fornecer informações de interesse público, e evitar limitar-se apenas à divulgação de assuntos de seu interesse. Por exemplo: uma empresa que tem grande representatividade em uma região, que emprega moradores da comunidade ao seu redor e de cujos impostos o governo local depende, resolve mudar-se por motivos estratégicos. A opinião pública logicamente espera dessa empresa e de seus representantes algum esclarecimento. E se a empresa se antecipa às manifestações de demitidos, de fornecedores ou do próprio governo, maior chance (e maior espaço) terá para apresentar suas justificativas;

- quando a notícia negativa for inevitável, deve haver a iniciativa de divulgação da primeira versão. Como a postura de "nada a declarar" nunca impedirá a publicação da matéria, se faz necessário um esclarecimento por parte da empresa – seja justificando, desmentindo ou explicando o ocorrido.

Devemos lembrar também que a imprensa pode veicular informações desfavoráveis aos interesses da empresa e que essas notícias podem complicar e ampliar dificuldades e crises.

Sendo assim, uma política de relacionamento sistemático com a imprensa cria um ambiente de confiança recíproca, e pode evitar que a imagem da companhia sofra danos em decorrência do desconhecimento de suas políticas e ações por parte dos jornalistas ou ataques de grupos interessados em prejudicá-la. Não que o jornalista, por conversar regularmente com o presidente de uma empresa, vá deixar de publicar algo que contrarie seus interesses. Mas vai, certamente, procurá-lo para um esclarecimento. Principalmente se conhecer suas políticas e condutas.

O *boom* do mercado

A DEMANDA POR SERVIÇOS de relações públicas – entre os quais se insere a atividade de assessoria de imprensa[4] – vem apresentando considerável crescimento nos últimos anos, impulsionada por conceitos de marketing como fixação de marca e valorização de imagem. Em 2000, as dez maiores agências brasileiras de comunicação faturaram cerca de R$ 64 milhões – um valor três vezes maior do que o obtido em 1996, quando a receita líquida foi de R$ 19 milhões[5]. Em 2001, só as cinco maiores atingiram sozinhas os R$ 65 milhões[6].

Atualmente existem no Brasil mais de mil agências que "apresentam-se como consultorias integradas, focadas na comunicação organizacional, relações públicas e planejamento estratégico[7]". Cerca de 60% dessas empresas estão localizadas apenas no eixo Rio–São Paulo[8].

Grupos estrangeiros – entre eles os maiores do mundo, como a WPP, a Omnicom e a Edelman – vêm buscando parcerias com as assessorias brasileiras para demarcar seu espaço nesse mercado, que cresce a passos largos. Mas, infelizmente, as cifras no Brasil ainda são bem diferentes daquelas praticadas em países desenvolvidos. Enquanto na Europa e nos Estados Unidos algumas empresas chegam a investir de US$ 800 mil a US$ 1 milhão por ano em comunicação, no Brasil existem clientes que só se dispõem a pagar R$ 2 mil por um serviço de assessoria de imprensa[9].

---

[4] De acordo com o Capítulo II da Lei nº 5.377, de 11 de dezembro de 1967, "Consideram-se atividades específicas de Relações Públicas as que dizem respeito: a) à informação de caráter institucional entre a entidade e o público, através dos meios de comunicação". LEGISLAÇÃO ET RESOLUÇÕES. Rio de Janeiro, Conselho Regional de Profissionais de Relações Públicas da 1ª Região, 1993.
[5] Setor já movimenta no país mais de R$ 100 milhões/ano. *Brasil News*. Disponível em: http://www.brasilnews.com.br.
[6] TRINDADE, Marcos. A ciência da informação. *Gazeta Mercantil*, São Paulo, 01 jul. 2002, p. A3.
[7] *Ibidem*.
[8] Assessorias de imprensa devem faturar R$ 100 milhões este ano. Disponível em: http://www.observatoriodaimprensa.com.br.
[9] O TOQUE de Midas. *Comunicação Empresarial*, São Paulo, 1º trimestre 2002, p. 10-7.

Como potencializar o trabalho com a imprensa

GARIMPANDO NOTÍCIAS NAS EMPRESAS

Garimpar notícia na empresa significa buscar informações sobre tudo que acontece na organização e, entre os muitos acontecimentos rotineiros, identificar aqueles que possam interessar ao jornalista como notícia. Investimentos, fusões, aquisições, melhorias operacionais, novos produtos ou serviços, contratações de executivos, ações sociais e projetos ambientais são alguns dos assuntos que sempre despertam a curiosidade do público – e, conseqüentemente, da imprensa.

Além disso, as empresas não se limitam à divulgação de informações de seu interesse. São freqüentemente procuradas por jornalistas para falar sobre o setor em que atuam, sobre assuntos que não são de seu agrado ou, ainda, sobre temas genéricos (como a violência na cidade em que estão instaladas ou livros lidos por seus executivos, por exemplo). Como já foi dito, devem atender a essas demandas, tomando a iniciativa na divulgação quando as informações forem de interesse público. E o assessor de imprensa deve estar, em todas essas situações, garimpando informações e lapidando respostas, ou seja, deve sempre se preocupar em transpor para uma linguagem mais coloquial e/ou compreensível as explicações técnicas ou excessivamente formais passadas pelas diversas áreas da empresa.

IDENTIFICANDO A MÍDIA ESPECIALIZADA: O *MAILING LIST*

O *mailing list* nada mais é do que uma ferramenta que facilita a comunicação com o jornalista, permitindo o direcionamento da mensagem à pessoa certa. Trata-se de um grande catálogo de contatos (endereços, telefones, e-mails) de veículos e jornalistas que cobrem as áreas de interesse da empresa. Economia, recursos humanos, meio ambiente, cultura e política são só algumas das editorias existentes em quase todos os jornais, em muitos programas de TV e em uma infinidade de revistas especializadas. O levantamento dessa mídia exige trabalho e uma pesquisa minuciosa.

Além disso, é preciso lembrar que cada veículo de comunicação tem características e ritmo de trabalho próprios, o que exige do assessor de imprensa cuidados quanto à definição do foco de interesse da sugestão de pauta, aos horários mais adequados para contatos e outras particularidades. São informações que podem – e devem – estar indicadas no *mailing list* do assessor. Minimiza gafes e mal-entendidos com jornalistas. Um exemplo bastante simples: o caderno Carro e Etc., do jornal *O Globo*, é publicado às quartas-feiras. O assessor de imprensa de uma montadora de veículos deve não só conhecer o editor desse suplemento que tanto lhe interessa como também saber o horário em que acontece o fechamento da edição (para não ligar ou aparecer em momento inconveniente) e o *deadline* para o encaminhamento de pautas.

Atualmente, várias empresas – principalmente pelos *sites* na Internet – se propõem a fazer o chamado "levantamento de mídia". É meio caminho andado e abre horizontes, mas não é um serviço milagroso. Lembre-se: nada se compara à pesquisa crítica que o assessor de imprensa pode fazer e ao contato pessoal para saber onde estão os jornalistas. A rotatividade nas redações é alta e só o contato freqüente pode minimizar a perda de relacionamentos.

PASSANDO A NOTÍCIA PARA OS JORNALISTAS: AS FERRAMENTAS BÁSICAS

Passar a informação para o jornalista da maneira correta é tão importante quanto identificar os assuntos que possam interessar a ele. O jornalista recebe dezenas de informações por dia e dá apenas uma olhada em muitas delas. A seguir algumas das ferramentas mais utilizadas pelas assessorias de imprensa:

- **Aviso de pauta:** convite/convocação para entrevistas e eventos, como anúncios de decisões relevantes, inaugurações, visitas, lançamentos de produtos, coletivas etc. Deve deixar claro, em um ou dois parágrafos, de que se trata, o local e o horário, a importância do evento e quem estará presente (no caso, os porta-vozes).

- **Coletiva de imprensa:** é a entrevista para a qual são convocados jornalistas de vários veículos de comunicação. Normalmente é realizada quando o cliente tem um assunto de extrema importância para anunciar que interesse à grande imprensa. Caso contrário a coletiva não deve acontecer, já que repórteres e editores são pessoas muito ocupadas que têm uma série de assuntos para "cobrir". Entre os assuntos que demandam uma entrevista coletiva estão, por exemplo, divulgação de resultados de grandes corporações, anúncios de grandes investimentos e problemas ambientais que geram grande impacto. Na entrevista coletiva, o porta-voz faz uma breve exposição e se coloca à disposição dos jornalistas presentes para esclarecimento de dúvidas.

- **Informe publicitário:** texto publicado na íntegra, em espaço pago, claramente identificado. Trata-se de um produto comercial, e o anunciante tem total controle sobre a mensagem, o formato e a página em que é publicado. Entretanto o custo é alto e o leitor sabe que está lendo uma propaganda. Segundo Dias[10]: "por melhor que seja realizado, ele não tem a credibilidade que a independência do espaço editorial pressupõe".

- **Nota:** pequena notícia ou comentário enviado a uma coluna de jornal, revista ou programa de TV. Grande parte das colunas exige exclusividade, que deve ser preservada.

- **Nota oficial:** documento de texto curto, objetivo e claro, que apresenta uma declaração oficial da empresa sobre seu posicionamento em relação a algum fato ocorrido. Pode ser distribuído aos jornalistas e também veiculado em espaço pago (em jornais, revistas, TVs e até rádio). Evita a exposição do representante da companhia, mas, por outro lado, trata-se de um canal

---

[10] DIAS, Vera. *Como virar notícia e não se arrepender no dia seguinte.* Rio de Janeiro: Objetiva, 1994, p. 9.

de comunicação de mão única e pode dificultar o esclarecimento de dúvidas por parte da imprensa.

- *Press-kit*: material sobre a empresa, preparado pela assessoria de imprensa, para consulta do jornalista. Em geral, é montado em uma pasta e inclui *press-release*, fotos jornalísticas (em papel, CD ou cromo), amostras de produtos, *folders* e o que mais puder acrescentar informação.

- *Press-release*: texto preparado pela assessoria de imprensa, com base em informações obtidas das fontes credenciadas da empresa. No *lead* (parágrafo inicial) devem estar contidas as informações mais importantes (o quê, quando, onde, por quê, quem, quanto etc.), para que o jornalista perceba rapidamente se o assunto é de seu interesse. Depois são narrados detalhes e incluídos depoimentos (que podem ser, por exemplo, do representante da empresa ou de pessoas beneficiadas com um programa social) que agreguem valor ao conteúdo.

- **Sugestão de pauta:** sugestão de uma pauta (assunto) ao veículo, por meio da indicação de uma série de informações que possam situar o repórter sobre o tema ou sobre os ângulos a serem abordados na notícia.

Vale ressaltar que todas as ferramentas listadas, com exceção do informe publicitário, têm como objetivo conseguir um espaço editorial. O espaço editorial é gratuito, mas nunca há a garantia de veiculação da notícia, tampouco da divulgação da mensagem desejada. O espaço editorial, segundo Vera Dias[11]:

> consiste em toda matéria jornalística que descreve, ou apenas cita, as atividades de uma empresa, sem ter qualquer comprometimento com ela. É um espaço que não é comprado: resulta do bom relacionamento que a empresa

[11] DIAS, Vera, *op. cit.*, p. 9.

estabeleça com a imprensa, somado à sua capacidade de gerar informação de interesse para o grande público.

IDENTIFICANDO E TREINANDO PORTA-VOZES: O *MEDIA TRAINING*

Porta-vozes são os executivos ou funcionários que falam em nome da empresa, sempre com delegação da diretoria. Todo porta-voz deve dominar as informações necessárias à elaboração de uma reportagem e usar esse conhecimento para conduzir a entrevista. A empresa pode ter vários porta-vozes, que falem sobre suas respectivas áreas, ou, ainda, um único porta-voz – que pode ser o presidente da companhia ou alguém da área de comunicação (um diretor ou o assessor de imprensa).

Grande parte dos assessores de imprensa acredita que essa "descentralização"[12], ou seja, a existência de vários porta-vozes, é a melhor maneira de viabilizar o contato permanente com a imprensa. Afinal, a empresa estará sempre disponível para atender o jornalista e apta a comentar todos (ou a maior parte) dos assuntos de um determinado setor, e o jornalista, ao contatar a assessoria, saberá que não cairá na mesmice de fontes (veículos de comunicação sérios não aceitam a repetição de fontes constantemente).

E, na verdade, em uma empresa com produtos diversificados – como um banco que atue no varejo e no atacado ou uma empresa de energia que tenha como produtos gasolina e gás – é mesmo natural que o diretor de cada linha de negócio esteja mais preparado para falar sobre o mercado em que atua e sobre seus concorrentes diretos. Mas não se pode esquecer que é importante a existência de uma figura soberana na empresa, que possa falar em seu nome em situações mais gerais, que possa representá-la, que seja o "institucional". Segundo Dias[13]:

> Temas mais ligados à imagem institucional da empresa, como seu desempenho global, seu relacionamento com o governo ou sua posição ante determi-

---

[12] DIAS, Vera, *op. cit.*, p. 19.
[13] *Ibidem.*

nada conjuntura econômica são exclusividade da direção executiva. Assuntos mais setoriais, como os que abordam determinada linha de produto e/ou de pesquisa são delegados a seus níveis gerenciais.

Em qualquer situação, entretanto, é fundamental que sejam sempre asseguradas a manutenção de um discurso único na empresa e a divulgação de informações de interesse corporativo. Toda essa sintonia exige treinamento, e é esse treinamento que chamamos de *media training*. O sucesso de uma entrevista está na preparação do porta-voz.

Empresas de assessoria de imprensa normalmente têm cursos formatados de *media training*, mas existem regras básicas que todo assessor de imprensa está capacitado a transmitir a seu cliente. A seguir um resumo simplificado[14]:

APRESENTAÇÃO E POSTURA
Antes de iniciar a conversa, o entrevistado deve apresentar-se ao jornalista entregando seu cartão de visitas ou informando precisamente nome, cargo e empresa para a qual trabalha. Precisa ser educado e evitar aproximações mais íntimas.

O DISCURSO
O entrevistado precisa assegurar a manutenção do discurso da empresa, conforme já mencionado, e só deve dar declarações sobre as quais possa responsabilizar-se. As respostas às perguntas dos jornalistas devem ser claras e objetivas, evitando-se a linguagem técnica ou rebuscada. Também é preciso evitar o "sem comentários" e o "nada a declarar", expressões que podem ser percebidas como arrogância, antipatia ou até culpa, em uma situação de crise. Caso o jornalista faça perguntas sobre temas sensíveis ou questione algo que o entrevistado não saiba responder, este deve explicar a impossibilidade de resposta e encaminhar o jornalista para a assessoria de imprensa.

---

[14] Adaptado do documento "Procedimentos gerais de relacionamento com a imprensa", da SPS *Comunicação*, 2002.

SITUAÇÕES ADVERSAS

Em situações adversas, o porta-voz da empresa não precisa assumir responsabilidades perante o jornalista, tampouco atribuir culpa a terceiros. Também não é recomendável utilizar a imprensa para alimentar (ou criar) polêmicas e intrigas. E nunca deve aceitar provocação de um jornalista. Se ultrajado, a entrevista pode ser interrompida.

MATERIAL DE APOIO

A divulgação de números sempre interessa à imprensa, mas a informação precisa ser verídica e consistente. O entrevistado pode e deve fornecer ao jornalista dados por escrito ou gráficos que ilustrem o que está sendo afirmado. Também deve colaborar com o fotógrafo, quando houver solicitação por parte do entrevistador. Nesse caso, porém, o ideal é que o assessor de imprensa possa acompanhar a sessão de fotos para avaliar se a foto jornalística realmente está acrescentando informação ao texto (e não ridicularizando a figura que representa a empresa).

O assessor de imprensa também deve ter em arquivo fotos de seus porta-vozes, em boa qualidade e no padrão jornalístico (o ideal é uma foto de busto, colorida, em fundo neutro), para fornecer aos veículos que não dispõem de fotógrafo ou para situações emergenciais. Muitos jornalistas entrevistam várias fontes e, ao editarem a matéria, percebem que precisam de uma boa foto para ilustrá-la. Se o assessor de imprensa tem meios de ceder o material fotográfico em tempo hábil, consegue maior exposição para o seu cliente (se este for o objetivo) e facilita o trabalho do jornalista.

O FINAL DA ENTREVISTA

O entrevistado jamais deve pedir ao jornalista que repita o que foi dito ou que permita seu acesso ao texto final antes de sua publicação. É melhor perguntar se restou alguma dúvida sobre o que foi conversado e colocar-se à disposição para um contato posterior que se faça necessário.

Mas, antes de qualquer entrevista (seja ela realizada pessoalmente, por telefone ou em um estúdio de TV), é prudente que o assessor de imprensa prepare um *briefing* para seu cliente, com informações sobre o veículo e o público para o qual estará falando, a pauta do jornalista, a razão para a escolha daquela fonte (se não for óbvia), a existência de outros entrevistados, o tempo de duração da conversa e, até, um breve histórico profissional do entrevistador, mencionando quais veículos de comunicação ele já representou. O assessor também deve, sempre que possível, acompanhar a entrevista, para orientar o entrevistado se houver necessidade, aproximar as partes e, principalmente, providenciar informações que eventualmente ficarem pendentes. Também poderá, posteriormente, apontar ao cliente os pontos fortes e fracos da entrevista e comentar seu desempenho.

Análise estratégica do *clipping* – o patinho feio vira cisne

O CLIPPING

O *clipping* é produto, serviço e apoio da assessoria de imprensa. Mas, em linhas gerais, nada mais é do que um conjunto de matérias e notas sobre determinado assunto. É a seleção de todo o noticiário sobre o cliente ou assuntos de seu interesse, veiculado na mídia impressa (jornais e revistas), eletrônica (TVs e rádios) ou digital (agências e *sites* de notícias).

> *Clipping* (em inglês, "corte" ou "recorte", designando especialmente um recorte de jornal ou de revista) é o nome que se dá ao serviço de pesquisa, coleta, seleção e fornecimento de material veiculado por um ou por diversos meios de comunicação: a imprensa escrita, o rádio, a TV e, mais recentemente, a própria Internet.[15]
>
> Consiste em identificar rotineiramente na imprensa as citações sobre a organização ou temas previamente determinados, organizá-las e encaminhá-las para conhecimento dos interessados. Geralmente os recortes são colados em folhas padroni-

---

[15] Oficina Brasileira de Clipping. Disponível em: http://www.webclipping.com.br.

zadas, acrescidos de informações sobre veículo, data, página de publicação, algum tipo de classificação e outros dados que sejam considerados importantes.[16]

O conteúdo do serviço de *clipping* e sua abrangência – nacional, internacional ou apenas referente às regiões nas quais a empresa opera – devem estar de acordo com objetivos e interesses previamente identificados pela empresa, para que possam efetivamente atender a uma demanda de notícias e não ser somente mais um bloco de papéis. Precisam estar diretamente ligados à cultura empresarial e às atividades de seus mais diversos departamentos.

Como poderia ser definido o *clipping* de uma indústria alimentícia, com vários produtos no mercado? Vamos tomar como exemplo a Coca-Cola. Seu *clipping* poderia ser estruturado nas seguintes bases:

- acompanhamento da exposição de um único produto (como os sabores de Fanta em lançamento);
- de sua marca (todos os registros sobre The Coca-Cola Company);
- de um tema específico (como o crescimento das tubaínas);
- de todo o setor em que atua (neste caso, o alimentício).

A empresa poderia, ainda, fazer uma miscelânea disso tudo e solicitar notícias sobre qualquer outro assunto que pudesse ser de seu interesse, mesmo não relacionado com o setor em que atua.

Há pouco mais de cinco anos iniciou-se um violento movimento de modernização dos serviços de *clipping*. Foram implementadas pelas empresas novas tecnologias, procedimentos de leitura e mecanismos de distribuição. A Internet transformou-se em importante ferramenta de trabalho, tanto na pesquisa quanto no encaminhamento do material para o cliente. Com isso, a tradicional distribuição de blocos de fotocópias vem sendo deixada de lado e, a cada ano, um número maior de empresas adota o chamado *clipping online* – pelo qual o material é enviado por e-mail ou publicado em *home-*

---

[16] DUARTE, Jorge. "Produtos e serviços de uma assessoria de imprensa". In: DUARTE, Jorge (org.). *Assessoria de imprensa e relacionamento com a mídia*. São Paulo: Atlas, 2002, p. 243.

pages especialmente criadas para seus usuários, os quais podem acessar o conteúdo com o uso de senhas previamente informadas. No final de um período (mês, semestre, ano) o fornecedor entrega à empresa um CD, com todas as matérias escaneadas.

O serviço digital tem como objetivos acelerar e ampliar a circulação do *clipping*. O recebimento por parte de diretores e diferentes departamentos na empresa é bastante facilitado. O *clipping* pode ser acessado a qualquer hora, de qualquer computador no mundo, e pesquisas de conteúdo (por temas, por datas, por publicações, por palavras-chave) podem ser feitas com o uso de modernos *softwares*, em poucos segundos.

AS POSSIBILIDADES DO *CLIPPING*

São muitos os profissionais de comunicação que acreditam que o único – ou o principal – objetivo de um serviço de *clipping* é mensurar a presença da instituição na mídia, em bases quantitativas. Quantos centímetros (ou segundos, no caso da mídia eletrônica) foram destinados à empresa em determinado período, quais os temas de maior repercussão ou qual veículo publicou o maior número de registros, positivos ou negativos. Trata-se, sem dúvida, de informações bastante importantes, mas o *clipping* oferece muitas outras possibilidades. Um trabalho bem desenvolvido:

1 viabiliza a análise qualitativa do que é publicado sobre a empresa;
2 possibilita um acompanhamento de mercados de interesse;
3 facilita o monitoramento das ações da concorrência;
4 pode ser utilizado para a geração de negócios;
5 funciona como ferramenta para avaliação do desempenho de porta-vozes.

Além disso, pode ser encarado como um mercado de trabalho em potencial para estudantes e profissionais de comunicação. Profissionais de relações públicas, jornalistas e publicitários são os mais capacitados à elaboração de resenhas e relatórios de análise de mídia e publicidade – serviços oferecidos pelas empresas de *clipping*, muitas vezes realizados por profissionais de outras áreas. Estudantes dos primeiros períodos, por sua vez, se contratados como estagiários para a leitura e a pesquisa, seriam capazes de realizar um trabalho bem mais analítico do que profissionais de ensino médio, normalmente responsáveis por essas atividades. E, em contrapartida, teriam a oportunidade de ler regularmente as mais variadas publicações e adquirir domínio da linguagem jornalística.

Vou deixá-los, então, com um questionamento: se o *clipping* é uma importante ferramenta de comunicação e um promissor mercado de trabalho, por que tão poucos profissionais da área de comunicação dedicam-se à prestação desse serviço?

COMO TRANSFORMAR UM *CLIPPING* EM INFORMAÇÃO ESTRATÉGICA

Como já mencionei, acredito que o *clipping* – quando bem-feito e aproveitado – pode ser um importante diferencial competitivo às ações de comunicação de uma empresa. Notícias bem selecionadas podem ajudar a sair na frente, indicar caminhos e fomentar idéias. No final deste capítulo, veremos alguns casos práticos. Por enquanto, vamos comentar, em linhas gerais, cada uma das possibilidades do *clipping*, já mencionadas.

ANÁLISE QUANTITATIVA E QUALITATIVA DO *CLIPPING*

A análise do *clipping* nada mais é do que um trabalho regular de acompanhamento da exposição da empresa – e/ou de seus concorrentes – na mídia. Quando somadas às análises quantitativa e qualitativa, as operações de assessoria de imprensa são mais facilmente dirigidas e avaliadas.

As informações quantitativas normalmente estão fundamentadas em tabelas e gráficos, cujas unidades de medida podem ser espaço ocupado (cm/col), quantidade de registros ou preço (quando o espaço ocupado pela matéria é comparado aos espaços comerciais do veículo). São utilizados, ainda, outros sistemas um pouco mais complexos, como o sistema de pontuação (pelo qual se determina um valor para cada veículo, dependendo de sua importância para a empresa) e sistemas que cruzam tiragem, média de leitores por exemplar, tamanho da notícia, localização da página. Mas qualquer que seja o método adotado, por meio da análise quantitativa costumam-se medir a ocupação de veículos, a aceitação em regiões, a repercussão de temas, exposição de fontes, espaço ou quantidade de registros em colunas, em capas de jornais e revistas etc. Normalmente, também é traçado um acompanhamento ao longo de todo o trabalho, com indicações sobre queda ou crescimento dos resultados.

Vamos tomar como exemplo uma situação bastante simplificada: a divulgação do balanço de um banco, que atue e tenha clientes em todo o Brasil[17]. Seu resultado é apresentado aos jornalistas anualmente em coletiva de imprensa, e publicado em matérias e notas das editorias de economia ou finanças dos principais jornais do país, além das grandes revistas e das revistas especializadas. Este ano o banco teve lucro, aumentou seu número de clientes e anunciou o financiamento de investimentos para o próximo ano. Portanto, as matérias são todas positivas. Em um dos gráficos apresentados pela assessoria de imprensa, após o resgate e a classificação de todo o *clipping*, é apontada a repercussão jornalística por abrangência (por estado brasileiro, considerando nacional o que circula por todo o país, como a *Gazeta Mercantil* e a *Veja*) e feita uma comparação com o destaque dado por região no ano anterior:

MATÉRIAS POSITIVAS E NEUTRAS

ABRANGÊNCIA	cm/col 2002	cm/col 2001	% VARIAÇÃO
Nacional	570	432	32%
São Paulo	481	493	–2%
Rio de Janeiro	420	320	31%
Brasília	213	135	58%
Paraná	198	53	274%
Outros estados	312	470	–34%
Total	**2194**	**1903**	**15%**

---

17 Situação, empresa e números fictícios.

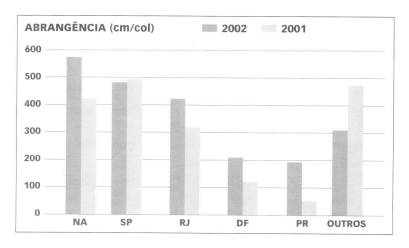

PERCEPÇÕES:
- houve aumento de exposição na mídia nacional (inclui grande parte das revistas, a *Gazeta Mercantil* e o *Valor Econômico*) e em veículos do Rio de Janeiro e de Brasília. Poderia ser justificado pelo aumento de interesse por parte da imprensa dessas regiões ou, ainda, pelo surgimento de um novo jornal ou revista;
- houve queda da exposição em publicações de São Paulo;
- em veículos do Paraná (cujo interesse pelo tema no ano anterior foi baixo) o espaço ocupado cresceu 274%. Algumas possíveis justificativas seriam o surgimento de novas mídias e/ou o aumento de interesse por mudanças na relação do banco com a região.

CONSIDERAÇÕES:
- chamamos de "outros estados" todos aqueles que não estão entre os cinco primeiros (que dedicaram maior espaço ao assunto);
- a medida cm/col é a mais utilizada para mensuração de espaço ocupado. O espaço de uma matéria é medido multiplicando-se o número de colunas que ela ocupa pela centimetragem da altura (de texto ou foto) em cada uma delas. Um jornal tamanho *standard*, como *O Globo*, tem seis colunas de 52 cm cada uma (esse tamanho sofre variações de jornal para jornal). Uma matéria de página inteira no jornal ocuparia 52 cm × 6 col = 312 cm/col.

Naturalmente, a assessoria de imprensa responsável pela divulgação, após o contato com jornalistas de todo o país, teria percepções mais precisas e informações valiosas – sobre o interesse pelo tema e a impressão da mídia em relação à empresa, por exemplo – para mencionar no relatório (de análise de mídia ou periódico, de atividades).

Além disso, podem ser feitos "n" acompanhamentos e comparações, com base nos mais diversos focos de interesse (exposição de fontes, por estados, temas, em relação à concorrência etc.) e períodos distintos (variação em relação ao ano anterior, mês a mês etc.).

Para a avaliação qualitativa, que é mais densa e pode apresentar resultados mais consistentes e indicações mais precisas, é importante que uma leitura crítica de todo o *clipping* seja feita e que comentários, em texto corrido ou *highlights*, sejam escritos por um profissional qualificado.

Pode ser um trabalho diário ou com uma periodicidade mais ampla (semanal, mensal, semestral). Essa leitura normalmente:

1 possibilita a informação, em um curto espaço de tempo, sobre todo o conteúdo publicado no período;
2 indica novas possibilidades de divulgação, tendências e pontos desfavoráveis;
3 avalia o trabalho desenvolvido;
4 avalia o relacionamento com mídias e jornalistas específicos.

ACOMPANHAMENTO DE MERCADOS, AÇÕES
DA CONCORRÊNCIA, PROSPECÇÃO DE NEGÓCIOS

O *clipping* pode ser utilizado – por empresas, executivos, profissionais liberais, artistas ou qualquer pessoa – para acompanhamento de mercados e negócios de interesse, ações da concorrência, prospecção de negócios. A imprensa divulga todo o tempo acordos firmados, investimentos, eventos, contratações. Pessoas atentas ao noticiário podem tirar proveito disso, mas, para que as expectativas sejam atendidas, é preciso que duas premissas sejam levadas em consideração:

- O *clipping* deve ter suas bases definidas de acordo com os objetivos e interesses daquele que vai utilizá-lo. O fornecedor de *clipping* precisa de um *briefing* minucioso sobre o objeto da pesquisa e o conjunto de veículos a ser pesquisados, e, para traçá-lo, as demandas de diferentes departamentos devem ser ouvidas, no caso de uma grande corporação. É preciso saber sobre o que a empresa precisa ler.

- O *clipping* deve ser lido diariamente. Nas empresas, deve haver interesse de executivos e funcionários. Nesse caso, o maior desafio está em desenvolver nas equipes o hábito de ler, de buscar diariamente as informações estratégicas nas entrelinhas. Infelizmente, o *clipping* ainda é encarado por muitos como um grande amontoado de papel, sem muita importância.

Essas possibilidades ficarão mais claras um pouco mais adiante, quando forem apresentados os *cases*.

AVALIAÇÃO DO DESEMPENHO DE PORTA-VOZES

Como já foi descrito anteriormente, o porta-voz é o executivo ou o funcionário que fala em nome da empresa e a representa perante a mídia. É ele que dá entrevistas, posa para fotos, fala diante das câmeras. Normalmente o porta-voz é o presidente da empresa, o diretor de área ou, ainda, o assessor de imprensa.

Como os espaços (na mídia impressa) e o tempo (na mídia eletrônica) são muito curtos, é importante que os porta-vozes: 1) estejam preparados para dar às oportunidades o melhor aproveitamento; 2) tenham perfil para a tarefa.

Em seu texto "Comunicação em tempo de crise"[18], João José Forni dá algumas indicações para a escolha do porta-voz. Segundo ele, é importante optar "por alguém que tenha domínio e controle sobre o negócio da empresa; habilidade para ouvir; expressar-se; para manter-se calmo, sob forte pressão; postura e boa aparência e, mais importante, transpire credibilidade". Forni reitera em seu tra-

---

[18] FORNI, João José. "Comunicação em tempos de crise". In: DUARTE, Jorge (org.). *Assessoria de imprensa e relacionamento com a mídia*. São Paulo: Atlas, 2002.

balho a necessidade de preparação do porta-voz. Para ele, é inútil gastar dinheiro com marketing se o atendimento à imprensa é feito com improviso.

Reforço, portanto, que o porta-voz deve ser orientado e devidamente treinado pelo assessor de imprensa. Avaliação e discussão sobre entrevistas realizadas anteriormente (daí a importância do *clipping*) e simulação de outras mais são algumas das ferramentas que podem ser utilizadas nos *media trainings*. Além, é claro, do bate-papo com um jornalista renomado, para que o executivo (sem nenhum contato anterior com o "outro lado da imprensa") possa tirar dúvidas e atenuar receios.

> Entrevistas simuladas, exercícios em laboratórios, orientações sobre peculiaridades da imprensa local, análise conjunta dos resultados obtidos em entrevistas ajudam a capacitar as fontes e, conseqüentemente, melhoram o atendimento à imprensa.[19]

É assim que o *clipping* se transforma em uma das principais ferramentas de *media training*. Por meio de regulares avaliações críticas e instruções de profissionais de comunicação sobre o que ou de como foi dito pelo porta-voz, são atingidos resultados bastante positivos sobre seu rendimento. Podem ser contratados, ainda, serviços de grupos de discussão e pesquisas qualitativas, capazes de apontar a interpretação do grande público para a mensagem do porta-voz.

Cases: o noticiário a favor de bons negócios

AGRONOTÍCIAS ALERTAM SOBRE UM NOVO MERCADO

Em dezembro de 2001, três grandes grupos pecuários reuniram toda a imprensa especializada para anunciar um investimento em "rastreabilidade bovina e certificação de origem da carne". Preocuparam-se também em reunir representantes de frigoríficos par-

---

[19] DUARTE, Jorge. "Produtos e serviços de uma assessoria de imprensa". In: DUARTE, Jorge (org.). *Assessoria de imprensa e relacionamento com a mídia*. São Paulo: Atlas, 2002, p. 253.

ceiros, outros pecuaristas. Essas três empresas pecuárias não tinham nenhuma parceria comercial, tampouco eram pioneiras no rastreamento de gado. Mas tinham em comum um objetivo: mostrar a importância de um movimento de identificação da carne brasileira.

Era necessário fazer muito barulho. A União Européia – responsável pela compra de 50% de nossa carne exportada – havia anunciado uma série de restrições à importação desse produto, após problemas sanitários, como a febre aftosa e o mal da vaca louca. E não bastava que esses três pecuaristas tomassem as medidas necessárias, porque seu negócio estava na base de uma longa cadeia produtiva: eles criavam novilhos, que eram vendidos a outros pecuaristas invernistas, os quais engordavam o gado e o vendia a frigoríficos (que abatiam o gado), para então acontecer a exportação da carne. Eles tinham de conscientizar todo o mercado. Todos precisavam estar envolvidos naquele trabalho.

A discussão desse assunto em revistas e editorias de agronegócios começou com uma notinha e, após quatro meses de trabalho, uma centena de matérias já haviam sido publicadas. Nelas, uma outra centena de informações, dicas, apontamentos que foram usados estrategicamente.

A seguir um pouco das notícias publicadas sobre o assunto:

> A CFM Agropecuária, a Jacarezinho e a Brascan vão mostrar o trabalho que *estão iniciando* sobre rastreabilidade e certificação de origem da carne bovina, em evento que acontece amanhã, no restaurante Barbacoa, em São Paulo.
>
> (Nota publicada na coluna Panorâmica, caderno Agrofolha, da *Folha de S.Paulo*, em 4 dez. 2001.)

A primeira nota publicada é informal, superficial e apenas abre espaço a uma percepção de que algum movimento está para acontecer no mercado bovino.

> Enquanto o governo não define as normas do Sistema Nacional de Identificação e Registro de Bovinos, que visa a atender à legislação que entra em vigor na União Européia no próximo ano, empresas do setor de pecuária de corte *se*

antecipam e começam a investir em programas de rastreabilidade dos animais com a certificação da origem...

(Trecho da matéria "Pecuaristas de olho do futuro", publicada no *Valor Econômico*, em 06 dez. 2001.)

Consideravelmente maior e mais densa que a nota anterior, escrita por um jornalista que esteve no evento anunciado, essa matéria já contextualiza uma antecipação dos pecuaristas a uma normatização governamental. O Sistema de Identificação e Registro de Bovinos começa a tomar corpo e a ser legitimado pela mídia.

"Não se discute querer ou não a rastreabilidade. *A questão é de sobrevivência*, pois o mercado vai exigir que a carne contenha informações sobre origem, sistema de alimentação, manejo sanitário" alerta David Makin, da Agropecuária CFM.

(Trecho da matéria "Sistema segue boi do pasto ao prato", publicada no caderno Agrofolha, da *Folha de S.Paulo*, em 11 dez. 2001.)

Nesse trecho da matéria publicada quase uma semana após o anúncio do projeto, já há um prognóstico. David Makin, figura bastante representativa do setor, fala em sobrevivência e, com suas declarações – em um dos principais cadernos agropecuários do país –, abre precedentes, apresentando razões concretas, para que um novo mercado se estabeleça.

[...] O governo brasileiro também está procurando adequar a legislação às novas regras. Hoje, a certificação de origem e o sistema de rastreabilidade são regulamentados pela Portaria 35 do Ministério da Agricultura de 1999, elaborada de acordo com as regras da UE. *Nos próximos dias, o ministério deve anunciar novas regras* detalhadas sobre o tema, formadas a partir dos critérios estabelecidos por um grupo de trabalho, com representantes de toda a cadeia produtiva...

(Trecho da matéria "Garantia sanitária é condição de mercado", publicada no caderno Campo & Lavoura do *Zero Hora*, em 14 dez. 2001.)

Algumas semanas depois, o governo também se posicionou, lançando uma portaria.

Uma corrida contra o tempo para os pecuaristas brasileiros começa a contar a partir de hoje, quando será assinada a instrução normativa que regulamentará o programa de rastreabilidade bovina. Até o final de julho, os frigoríficos que exportam para a União Européia (UE) terão que identificar o trajeto do animal, desde seu nascimento até o abate, por determinação dos europeus. A UE responde por 50% das exportações de carne bovina brasileira, que em 2001 totalizaram US$ 1 bilhão.

<small>(Trecho da matéria "Carne bovina terá garantia de origem", publicada na *Gazeta Mercantil*, em 9 jan. 2002.)</small>

Esse movimento transformou-se em uma "corrida contra o tempo". Voltando à nota anterior, cabe lembrar que agora há uma instrução normativa que define não mais um desejo, mas uma necessidade. Um mês parece pouco tempo, mas foi o suficiente para deixar muitas empresas ultrapassadas.

O deslocamento entre os acontecimentos noticiados pela imprensa é facilmente percebido. Aquele leitor interessado pelo tema e antenado às notícias publicadas, poderia se antecipar aos acontecimentos.

Três grandes grupos (CFM, Jacarezinho e Brascan) estavam anunciando o início de um projeto. Logo precisariam de fornecedores. Do ponto de vista dos certificadores, estava nascendo a base de um novo mercado, de uma nova demanda. O serviço poderia ser oferecido ainda como diferencial, antes de tornar-se uma exigência legal.

Os mais fortes representantes do mercado já avisavam que se tratava de "antecipação diante de medidas esperadas" e de "sobrevivência". Todas as matérias apontavam um único caminho. Portanto, considero que do ponto de vista dos pecuaristas – a ser certificados – a utilização do serviço como diferencial, antes da obrigatoriedade, também poderia ser bastante positiva.

E, por fim, para ratificar o que estava sendo dito, o governo federal começou a dar indícios de que anunciaria uma portaria, não só com novas instruções normativas para a produção de carne no Brasil mas, principalmente, com indicação das exigências para credenciamento de novas certificadoras. Em outras palavras: estava declarado que um novo nicho de atividades surgiria, em breve, nesse mercado.

Algum tempo depois, o Ministério da Agricultura anunciou que todas as indústrias que exportam para a União Européia teriam até

31 de julho de 2002 para se adequar. Que a partir de dezembro de 2003 todas as exportações brasileiras, independentemente do destino, deveriam ser rastreadas. E que, a partir de 2007, toda a carne industrializada no Brasil precisaria de garantia de origem.

Até 2007, os pecuaristas terão tempo para se adaptar. Mas, na pecuária, todos os processos produtivos levam muito tempo. Por isso, algumas empresas perderam possibilidades de exportação. Além disso, durante esses quatro meses de grandes discussões, diversos negócios foram feitos. Várias alianças foram formadas entre produtores, invernistas e frigoríficos. Auditorias ampliaram seus negócios, abraçando a função de certificadoras. E muitas empresas conseguiram aproveitar a maré para o fortalecimento da marca. Afinal, durante um mês inteiro, foi intensa a exposição de seus dirigentes, de seus objetivos comerciais, de sua preocupação com a qualidade e com a imagem do produto brasileiro no mercado internacional.

O NOTICIÁRIO DIÁRIO PODE FAZER DIFERENÇA

Atualmente todas as grandes empresas já têm um *clipping* diário. Formatos e nomes variam – *Clipping, Resumo de Imprensa, Pesquisa Estratégica, O Que Falam de Nós* ou qualquer outra denominação – mas o objetivo é um só: fazer que executivos e funcionários estejam a par do que está acontecendo lá fora e do que se diz sobre a empresa em que trabalham.

Em princípio, pode parecer que não há novidade em exemplificar a montagem e a distribuição dessa ferramenta em uma empresa de grande porte. Mas resolvi fazê-lo por ser uma experiência bem-sucedida: funcionários das mais diversas áreas já solicitaram a inclusão de seus e-mails no *mailing-list* de distribuição e as notícias são freqüentemente úteis, ou seja, resultam em conhecimento ou ação.

Em uma empresa de petróleo, por exemplo, há um fornecedor de *clipping* que realiza diariamente uma pesquisa nos principais jornais do país[20], principalmente do Rio de Janeiro e de São

---

[20] As notícias publicadas em boletins ou revistas especializadas são encaminhadas pela assessoria de imprensa à empresa de *clipping* contratada para inclusão no informativo diário.

Paulo, e agrupa notícias de interesse sob os temas: institucional, concorrência, governo, internacional, química & petroquímica. Essas notícias são distribuídas pela empresa em papel e em arquivo digital e ainda ficam disponíveis na Intranet. Dessa forma, qualquer executivo, funcionário, estagiário, colaborador ou prestador de serviços tem acesso à informação.

Um breve passo-a-passo da distribuição do noticiário:

1 às nove da manhã, horário de início do expediente, o *clipping* em papel (fotocópias de todas as matérias encontradas sobre assuntos de interesse) já está disponível para todas as áreas. É feita uma cópia para cada área: a respectiva chefia toma conhecimento de tudo e circula o exemplar entre seus subordinados. Algumas secretárias fazem uma pré-leitura e assinalam as matérias que merecem maior atenção;

2 simultaneamente, uma resenha digital (com resumo das principais notícias do dia e *link* para o *clipping* escaneado) é colocada à disposição na Intranet da companhia. Qualquer pessoa que trabalhe na empresa – executivos, funcionários de todos os níveis, estagiários, prestadores de serviço e até funcionários da companhia em outros países – tem acesso ao material;

3 para facilitar o acesso e a leitura, essa resenha digital é encaminhada por e-mail ao presidente e aos diretores da empresa no Brasil, aos diretores corporativos (que ficam na Espanha) e a todos os funcionários que se interessem por recebê-la;

4 ao longo do dia, se há alguma notícia realmente relevante – sobre o setor, aumento dos combustíveis, política brasileira –, também é passada para o grupo, por e-mail.

O material é de fácil leitura e o resumo diário tem no máximo uma lauda e meia. O leitor da resenha leva poucos minutos para tomar conhecimento de todo o conteúdo e pode aprofundar-se em alguma matéria, pela qual tenha maior interesse, clicando em um *link* chamado "ver matéria".

Seguem alguns exemplos do noticiário clipado:

EXEMPLO 1: MATÉRIA SOBRE A PETROBRAS
PETROBRAS ESTUDA COMPRAS NA VENEZUELA – A Petrobras tem como meta de internacionalização comprar ativos na Venezuela. De acordo com o presidente da empresa, Francisco Gros, a presença no país vizinho será fundamental para alcançar o objetivo de ser uma empresa de energia líder na América Latina. (*Valor Econômico*, Empresas/Insumos, pág. B-8)[21] Ver matéria

A expansão das atividades internacionais da Petrobras deverá consumir aproximadamente US$ 7,3 bilhões no período de 2001 a 2005. Isso representa 23% dos investimentos totais previstos para o período. "É fundamental para a competitividade da empresa que possamos crescer internacionalmente", afirmou Gros.

Além das atuações em países da América do Sul, a Petrobras tem participações em projetos de pesquisa e exploração no Golfo do México e Caribe, no oeste da África e nos Estados Unidos.

(Trecho da matéria "Petrobras estuda compras na Venezuela", publicada no *Valor Econômico*, editoria Empresas, pág. B8, em 7 jun. 2002.)

Essa matéria foi classificada sob o tema concorrência e é um exemplo simples do que significa acompanhamento de ações de empresas que atuam no mesmo setor. Assim como o jornal noticiou o interesse da Petrobras pela compra de ativos na Venezuela, costuma dar espaço a ações de outras empresas. E as matérias sempre apontam tendências que podem orientar ou servir de argumento para futuras ações – neste caso da equipe de exploração e produção.

[21] Como a matéria é mencionada na resenha digital. Fonte: Intranet Repsol YPF.

EXEMPLO 2: MATÉRIA SOBRE IMPOSTOS

CIDE AUMENTA MENOS COM O NOVO DECRETO – Um dos primeiros atos do novo presidente da República, Luiz Inácio Lula da Silva, o Decreto nº 4.565, assinado em 1º de janeiro, diminuiu os aumentos das alíquotas da Contribuição de Intervenção no Domínio Econômico (Cide) sobre combustíveis, em relação à Lei nº 10.636, do governo FHC, que vigoraria a partir deste ano. (*Gazeta Mercantil*, Energia, pág. A-6)[22] Ver matéria

Cide aumenta menos com o novo decreto

de São Paulo

Um dos primeiros atos do novo presidente da República, Luiz Inácio Lula da Silva, o Decreto nº 4.565, assinado em 1º de janeiro, diminuiu os aumentos das alíquotas da Contribuição de Intervenção no Domínio Econômico (Cide) sobre combustíveis, em relação à Lei 10.636, do governo FHC, que vigoraria a partir deste ano. "As reduções são significativas e resultam de manifestação contrária do mercado e também do novo governo, que não quer se mostrar muito arrecadador. Mesmo assim os aumentos devem chegar ao consumidor", avalia o advogado Pedro Anan Junior, da Amaro, Stuber e Advogados Associados.

O decreto do novo governo traz reduções significativas para as diferentes alíquotas da Cide, que incide sobre a importação e comercialização de petróleo e seus derivados e álcool etílico combustível. No caso da gasolina, a Lei editada nos últimos dias do governo de FHC previa um aumento de mais de 50%, com a Cide passando de R$ 501 por metro cúbico do produto para R$ 860. No decreto assinado pelo novo presidente, a alíquota acabou ficando em R$ 541,10, com aumento de pouco mais de 7%. A alíquota para o óleo diesel também sai de um aumento de mais de 100% para uma alta de 38%.

Mesmo em menor escala, o especialista acredita em repasse ao consumidor. Contudo, se a tendência de queda do câmbio se firmar, esse aumento pode ser neutralizado.

(Matéria publicada na *Gazeta Mercantil*, Editoria Energia, pág. A6, em 8 jan. 2003.)

Esta matéria, classificada como governo, anuncia decreto que diminui os aumentos das alíquotas da Cide (Contribuição de Intervenção no Domínio Econômico). Mas não é só isso. O texto reúne informações sobre o número do decreto, valores e repasses para o

---

22 Como a matéria é mencionada na resenha digital. Fonte: Intranet Repsol YPF.

consumidor, dados que devem ser de pleno conhecimento de toda a equipe envolvida com combustíveis e atendimento a clientes.

Considerações finais

É INERENTE A QUALQUER ser humano a preocupação com o que é veiculado nos meios de comunicação sobre ele próprio ou a corporação pela qual é responsável de alguma maneira. É indiscutível. Jornais, revistas, rádios, TVs e uma infinidade de mídias alternativas estão, todo o tempo, transmitindo informações, levantando questionamentos, divulgando opiniões. O público confia no conteúdo, repete a notícia e toma decisões. Baseado no que lê ou escuta, faz compras, vende ações, vai ao cinema.

Tamanha pode ser essa mobilização, que atingir a chamada "opinião pública" – ou traçar a melhor maneira para fazê-lo – é o objetivo de qualquer trabalho de comunicação, seja ele um planejamento de marketing, uma campanha publicitária ou uma assessoria de imprensa.

A informação é estratégica e faz parte do negócio.

A correta interpretação dos fatos noticiados agrega um valor inestimável às decisões que precisam ser tomadas.

A apropriada divulgação de assuntos do interesse da empresa, o esclarecimento de dúvidas e a correção de erros contribuem para reforçar a imagem institucional, viabilizar projetos, aumentar a credibilidade e conquistar simpatias. É também um instrumento auxiliar para o marketing de produtos e serviços.

REFERÊNCIAS BIBLIOGRÁFICAS

CRUZ, Luiza. "Pensamentos prático-teóricos sobre um tema pragmático: a assessoria de imprensa e seu dia-a-dia". *In:* FREITAS, Ricardo Ferreira; LUCAS, Luciane (orgs.). *Desafios contemporâneos em comunicação.* São Paulo: Summus, 2002.

DIAS, Vera. *Como virar notícia e não se arrepender no dia seguinte*. Rio de Janeiro: Objetiva, 1994.

DOROTY, Doty. *Divulgação jornalística e relações públicas*. São Paulo: Cultura Editores Associados, 1995.

DUARTE, Jorge. "Produtos e serviços de uma assessoria de imprensa". In: DUARTE, Jorge (org.). *Assessoria de imprensa e relacionamento com a mídia*. São Paulo: Atlas, 2002.

FORNI, João José. "Comunicação em tempo de crise". In: DUARTE, Jorge (org.). *Assessoria de imprensa e relacionamento com a mídia*. São Paulo: Atlas, 2002.

KOPPLIN, Elisa; FERRARETTO, Luiz. *Assessoria de imprensa: teoria e prática*. Porto Alegre: Sagra, 1993.

LEGISLAÇÃO ET RESOLUÇÕES. Rio de Janeiro, Conselho Regional de Profissionais de Relações Públicas da 1ª Região, 1993.

LUCAS, Luciane. "Relações públicas e banco de dados: novas configurações na interface empresa–cliente". In: FREITAS, Ricardo Ferreira; LUCAS, Luciane (orgs.). *Desafios contemporâneos em comunicação*. São Paulo: Summus, 2002.

WEY, Hebe. *O processo de relações públicas*. São Paulo: Summus, 1986.

JORNAIS E REVISTAS

CARNE bovina terá garantia de origem. *Gazeta Mercantil*, São Paulo, 9 jan. 2002.

CIDE aumenta menos com o novo decreto. *Gazeta Mercantil*, São Paulo, 8 jan. 2003.

GARANTIA sanitária é condição de mercado. *Zero Hora*, Porto Alegre, 14 dez. 2001.

O TOQUE de Midas. *Comunicação Empresarial*, São Paulo, 1º trimestre 2002.

OI usa Dolly para dizer que celular é a prova de clone. *Valor Econômico*, São Paulo, 23 set. 2002.

PECUARISTAS de olho do futuro. *Valor Econômico*, São Paulo, 6 dez. 2002.

PETROBRAS estuda compras na Venezuela. *Valor Econômico*, São Paulo, 07 jun. 2002, p. B8.

SISTEMA segue boi do pasto ao prato. *Folha de S.Paulo*, São Paulo, 11 dez. 2001.

TRINDADE, Marcos. A ciência da informação. *Gazeta Mercantil*, São Paulo, 01 jul. 2002, p. A3.

SITES E ARTIGOS

AIDAR, Marcos. Como administrar a variedade e melhorar a qualidade? *Redação em Off*. Disponível em: http://www.redacaoemoff.com.br

ASSESSORIAS de imprensa devem faturar R$ 100 milhões este ano. *Observatório da Imprensa*, Disponível em: http://www.observatoriodaimprensa.com.br

SETOR já movimenta no país mais de R$ 100 milhões/ano. *Brasil News*. Disponível em: http://www.brasilnews.com.br

SITES/HOMEPAGES CORPORATIVAS
http://www.webclipping.com.br

OUTROS

PROCEDIMENTOS gerais de relacionamento com a imprensa, *SPS Comunicação*, Rio de Janeiro, 2002.

CAPÍTULO 4
Entidades empresariais: relações públicas na criação de ambientes de negócios
ANDERSON ORTIZ

COM NOME DE RELAÇÕES PÚBLICAS ou com qualquer outra designação mais em moda, o certo é que a filosofia de relações públicas já se encontra sedimentada em todos os segmentos da sociedade.

Várias são as denominações para estratégias e práticas oriundas da mesma matriz de pensamento: marketing institucional, *endomarketing*, relações externas ou institucionais, gestão de relacionamento, entre outras. São apenas novos nomes para tudo que sempre se defendeu como atividades legítimas de relações públicas: **trabalho criterioso de identificação dos diferentes interlocutores de uma organização, planejamento e desenvolvimento de canais e ferramentas adequados de comunicação, em busca de equilíbrio e reciprocidade na relação com os diferentes públicos.**

Os processos de fusão e aquisição de empresas têm mostrado que nem sempre o valor de uma companhia é medido apenas pelos ativos tangíveis, tais como maquinário, capacidade produtiva, mão-de-obra ou número de instalações, mas também por meio dos ativos intangíveis, aqueles "bens" da empresa que não podem ser mensurados fisicamente, mas têm grande importância para o posicionamento da empresa no mercado, tal como a força da marca e das linhas de produtos, do capital intelectual, da credibilidade perante consumidores, governos e instituições financeiras, além da percepção positiva da sociedade.

Manter em alta o conceito de uma empresa em um ambiente de negócios é preservar valor de mercado. Basta observar o que um boato ou uma interpretação errônea de uma situação podem fazer com as ações de uma empresa nas bolsas de valores. As organizações buscam mais e mais gestores que saibam como otimizar recursos servindo-se de campanhas de comunicação, ajudando a construir relacionamentos com clientes, acionistas, fornecedores, comunidades, governos e imprensa que vão para além da clássica solução dos boletins informativos ou dos eventos protocolares.

É uma fase relativamente nova, pois muito do que se acredita hoje ser "relacionamento" com públicos está permeado pela idéia da tecnologia e da administração das informações de bancos de dados. Dois vetores importantes para as estratégias de relacionamento, sem dúvida. Contudo, ainda falta um trabalho mais aprofundado sobre um terceiro vetor fundamental: a comunicação. Já que as estratégias de segmentação vieram para ficar, agora mais do que nunca as ações de relações públicas passam a ser decisivas para as estratégias da empresa que necessita ganhar novos mercados e, ao mesmo tempo, manter os bons clientes. É a fase de retenção por meio do relacionamento.

Relacionar é comunicar. Não há nada que garanta que uma ação de relacionamento vá dar certo apenas por se conhecer o perfil do consumidor e seus hábitos de compras. É necessário entender comportamentos e gostos, estabelecer um canal de contato que tenha apelo na comunicação e leve o cliente à ação.

Se existe um movimento no mercado com o objetivo de alocar mais e mais recursos naqueles públicos que realmente têm potencial para consumir, quando se entra no mercado corporativo essas ações ficam muito mais acirradas e dirigidas. Desenvolver estratégias de relacionamento entre organizações exige um trabalho cuidadoso, pois normalmente envolve consideráveis somas de dinheiro.

Dentro da idéia de relacionamento, existe um segmento de negócios no qual poucos profissionais de relações públicas se lançaram ainda, mas que seguramente representa um espaço amplo para desenvolver novas teorias sobre planejamento na área: as entidades empresariais.

Fórum amplo e aberto de contato entre as empresas, as entidades empresariais ganham nova importância com a ascensão das estratégias de aproximação com os públicos. No Brasil, há milhares de entidades empresariais. Tradicionais, variam de antigas associações comerciais e industriais a câmaras de comércio estrangeiras e confederações. Abrangem diversos segmentos e são responsáveis anualmente por milhões em negócios gerados.

O objetivo deste capítulo é apresentar as possibilidades de trabalho de relações públicas nas entidades empresariais, definindo os serviços desenvolvidos, o funcionamento de tais organizações e as contribuições do planejamento de relações públicas na geração de negócios.

Uma entidade empresarial vista por dentro

POR DEFINIÇÃO, uma entidade empresarial é uma instituição sem fins lucrativos, que tem como objetivo desenvolver um ou vários segmentos de negócios. Seja de alcance local, municipal, estadual ou federal, cabe à entidade empresarial promover aquilo que ela tem de melhor: as empresas sócias.

Como postula Peter Drucker, passamos por uma fase de grande transformação social, ainda que muitas vezes não percebamos de que forma isso acontece. São inegáveis o impacto do computador de pequeno porte e a forma como ele condicionou o crescimento das novas tecnologias da informação. O controle da economia deixou de ficar restrito ao âmbito das políticas nacionais e passou a ter um fluxo próprio, que se auto-regula e hoje é basicamente mediado pelo nível de troca de informações críveis acerca de uma organização ou de um país[1].

Para o homem da atualidade, a própria percepção do tempo está mudando. O acesso à Internet e aos novos meios de troca de informações gera um fenômeno único de aceleração da realidade e conseqüente prostração diante da impossibilidade de assimilar tudo que se propõe em novos conhecimentos. O conceito de educação nunca esteve tão em evidência como nos tempos atuais. Educação como processo de contínua reciclagem e novos

---

[1] DRUCKER, Peter. *Administrando em tempos de grandes mudanças*. São Paulo: Pioneira, 1999.

aprendizados. Um profundo questionamento sobre os métodos tradicionais de ensino está sendo trazido à tona com a emergência das novas tecnologias.

Se, para o homem comum, o movimento de captar a realidade e definir uma agenda de interesses específicos já é difícil, para uma empresa esse trabalho de perceber a realidade que acontece fora de seus muros é ainda mais complicado. A empresa atual, entendida como sistema aberto, inserta em mercado de livre concorrência, normalmente com competidores nacionais e estrangeiros, demanda uma contínua entrada de informações, orientando suas ações ao longo do tempo.

A teoria atual da administração indica que a empresa nos dias de hoje só sobreviverá se for capaz de entender, assimilar e se reorientar diante das bruscas mudanças. É preciso ter olhos e ouvidos abertos não só para os movimentos do mercado e da concorrência, mas para os assuntos que direta ou indiretamente podem afetar o futuro, como as possíveis oscilações dos cenários político e social do país, as mudanças na economia internacional, ou, ainda, os efeitos da regulação do Estado em determinado segmento de negócio.

A entidade empresarial, portanto, ganha força justamente no momento em que as empresas buscam estar mais atentas para entender a realidade que, na maior parte das vezes, estará fora de suas respectivas esferas de controle. A entidade empresarial passa a ser um pólo de captação do ambiente externo às empresas, apontando tendências e prevenindo para determinadas alterações que prejudiquem os interesses de seus associados.

Outra atribuição da entidade empresarial é traduzir para o ambiente externo o que seus associados percebem da realidade. Traduzir é o termo mais apropriado, visto que uma entidade empresarial deve primar em defender os pontos de vista das empresas sócias, apresentando dados coerentes com a realidade, de forma a propor soluções factíveis.

Da idéia de que as organizações são estruturas nas quais as informações passam em diferentes sentidos e direções, **uma enti-**

dade empresarial pode ser encarada como um centro captador de novas tendências e idéias e difusora de informações sobre a realidade de determinados segmentos de negócios. No papel de mediadora, a entidade empresarial é responsável por coordenar ações eficazes de opinião pública e captar novas informações para seus associados.

No ambiente empresarial, toda e qualquer informação gera novas oportunidades de negócios. Como centro captador e difusor de informações, a força de uma entidade empresarial reside justamente na capacidade que ela tem de divulgar, captar ou gerar novos negócios para seus associados, com base em um mapeamento dos interesses do grupo.

Assim, os objetivos de uma entidade empresarial são focados em:

- entender e esclarecer os sócios sobre as variações econômicas, políticas e sociais e os impactos para as empresas de determinado setor;

- apresentar à sociedade a contribuição que determinado conjunto de empresas venha a produzir;

- gerar novas oportunidades de negócios e divulgar as potencialidades de seus associados;

- servir como centro para análises de problemas pontuais que possam vir a afetar todo um segmento de negócios, elaborando soluções conjuntas.

Analisando mais detidamente, o que uma entidade empresarial desenvolve em muito se assemelha ao trabalho de planejamento de relações públicas dentro de uma empresa: prover um fluxo consistente de informações entre vários grupos distintos, sejam eles de poder econômico, político ou social.

A entidade empresarial realiza o trabalho de relações públicas em uma esfera ainda mais ampliada, no qual o importante é estabelecer relações de confiança com os vários públicos. A essência, contudo, é a divulgação dos conceitos de negócios e das respectivas contribuições sociais que deles provêm.

Uma confusão que deve ser desfeita de uma vez por todas é o termo "sem fins lucrativos". Normalmente, por personificarem a imagem do poder econômico, as entidades empresariais são acusadas de visarem ao lucro. Não há nada de errado em alcançar bons resultados financeiros com ações que contribuam para ampliar ainda mais a visibilidade dos sócios. Isso permite que outras ações ainda maiores possam ser organizadas em razão de sucessos anteriores.

Uma entidade empresarial bem gerida é aquela que tem condições de financiar seus projetos e está preparada para recorrer ao mercado oferecendo oportunidades. Esse conceito, aliás, pode ser perfeitamente estendido à administração das entidades do terceiro setor. Ações sociais que têm resultados práticos a apresentar, dentro de critérios de auto-sustentabilidade, são mais bem-vindas do que aquelas que se apóiam na eterna necessidade. Uma entidade, seja ela empresarial ou do terceiro setor, não sobreviverá se não tiver uma capacidade mínima de captar, reter e bem aplicar seus recursos.

Entidades empresariais são terrenos perfeitos para o trabalho em grandes proporções de planejamento em relações públicas. Para começar a entender as razões disso, vamos detalhar um pouco mais como as entidades empresariais se dividem, de forma a conhecer os públicos que as compõem.

A produção de uma entidade empresarial

OPINIÃO E CONHECIMENTO. Parece pouco, mas são as duas principais contribuições que uma entidade empresarial pode oferecer ao seu público. Em geral, tudo que é desenvolvido por uma entidade empresarial em relação aos serviços gira em torno de "opinião" e "conhecimento". Uma entidade produz "opinião" quando promove ações voltadas a apresentar à sociedade as contribuições das empresas nas esferas econômica, tecnológica, política e social. Produz "conhecimento" à medida que oferece a seus associados um panorama sobre o ambiente de negócios, apontando pontos fortes e fracos de determinado setor, tendo como base não somente os movimentos do mercado, mas também das forças externas que influenciam os resultados finais das empresas. Entre os principais serviços de uma entidade empresarial, têm especial destaque os que apresentaremos a seguir:

> **1** Pareceres técnicos e assessorias avançadas
> **2** Mediação e arbitragem
> **3** Publicações
> **4** Missões empresariais e eventos diversos
> **5** Serviços
> **6** Ações sociais e responsabilidade social

1 · PARECERES TÉCNICOS E ASSESSORIAS AVANÇADAS

Muitas vezes, abrir um negócio ou entrar em determinado mercado podem ser apostas arriscadas, principalmente se o investidor não tiver noção do ambiente que cerca o segmento. As entidades empresariais são sempre referências sobre como está o panorama para investimentos, oferecendo informações como os aspectos burocráticos para abrir uma empresa, análises detalhadas sobre o impacto de determinado imposto no ciclo de demanda por um grupo de produtos no mercado ou mapeamento de regiões com potencial para investimentos. As entidades empresariais sempre contam com estudos e análises de especialistas sobre riscos e oportunidades. Normalmente, empresas estrangeiras interessadas em entrar num país contam com apoio de câmaras de comércio ou associações comerciais. Tais entidades literalmente "abrem as portas" para que o investidor possa conhecer o país e ajustar-se às leis locais. Pela boa recepção que oferecem, tais entidades acabam tornando-se importantes fontes de indicações para consultorias de todos os portes e futuros clientes, uma vez que contam com um rol de empresas com objetivos comuns ou complementares.

Há casos, também, em que pareceres técnicos podem ser encomendados, nos campos econômico, social e político, ou até mesmo análises técnicas de preços e pesquisas especializadas, entre uma série de opções de estudos dirigidos para cada demanda. Sem esquecer que, no mínimo, a entidade empresarial estará apta para apontar um associado que desenvolva tal serviço, como consultorias, empresas contábeis, jurídicas, entre outras.

Por reunir diferentes representantes de empresas ao longo de muitos anos, as entidades empresariais acabam virando arquivos vivos dos debates políticos, analistas dos panoramas econômicos, bem como testemunhas das mudanças sociais de uma região. Para isso, contam com diversas visões do empresariado e, normalmente, estão aptas a apontar tendências e antecipar ambientes favoráveis ou negativos para o investimento. As entidades mais tradicionais desenvolvem pesquisas freqüentes de renda populacional e inflação, de opinião pública, de desenvolvimento econômico, entre outros dados que somente instituições de amplo acesso e alcance podem levantar em razão da credibilidade que possuem. Essas informações são de grande interesse não só para o conjunto de empresas sócias como também para os órgãos de imprensa.

2 · MEDIAÇÃO E ARBITRAGEM

No setor empresarial é comum que haja conflitos entre as empresas. Tais conflitos surgem de temas que condicionam o resultado financeiro nos negócios. Se confiadas ao poder público, essas questões correm o risco de travar nos meandros burocráticos da justiça, que é lenta pelo excesso de causas que tem para julgar, além da carência que o aparato jurídico do Estado vai ter de especialistas que entendam a constante evolução do mundo dos negócios. O resultado é que uma causa entre empresas, quando vai parar na justiça, pode levar anos para ser julgada.

Uma das alternativas de sucesso que as entidades empresariais têm oferecido são as câmaras de mediação e arbitragem. Compostas por renomados especialistas em diversos ramos de negócios, amparados por advogados especialistas nos temas geradores do conflito, as câmaras de mediação e arbitragem servem como uma instância paralela de resolução. Os conflitos são submetidos a um conselho de especialistas, com amparo jurídico-legal das questões levantadas, chegando a uma decisão de acordo com a percepção do grupo, em consenso.

Entre outros assuntos, casos que podem ser tratados em tais câmaras envolvem situações de concorrência desleal, quebras de contratos, reajustes abusivos de preços, acordos coletivos com sindicatos trabalhistas. É clara a economia de tempo e dinheiro quando tais assuntos são submetidos a uma câmara de mediação e arbitragem antes de chegarem à justiça comum.

3 · PUBLICAÇÕES

Uma das principais contribuições que as entidades empresariais têm a oferecer está na área de publicações. Dos tradicionais manuais de como abrir e registrar um negócio aos informativos personalizados distribuídos por e-mail, as entidades empresariais são excelentes centros de captação e difusão de informação. Entre os veículos mais utilizados, destacam-se os anuários com dados sobre as empresas associadas, as revistas quinzenais ou mensais voltadas para análises, os boletins expressos por Internet ou fax, bem como as compilações e os estudos setoriais produzidos por grupos de interesse específico, como veremos mais adiante.

4 · MISSÕES EMPRESARIAIS E EVENTOS DIVERSOS

Um aspecto importante de avaliação de uma entidade empresarial diz respeito à capacidade que ela vai ter para criar um ambiente propício para o desenvolvimento de negócios, como um clube de empresas com variados interesses. Missões empresariais e eventos são os grandes trunfos das entidades empresariais. Eventos de negócios de grande repercussão têm sido encabeçados por entidades empresariais, em realizações que variam de visitas de empresários a outros países até inserção de estandes em gigantescas feiras de negócios, organizadas em centros de convenções por vários dias. Tais ambientes permitem que empresários de diferentes regiões e países possam trocar experiências e identificar oportunidades de novos negócios. Cabe à entidade empresarial captar o interesse das empresas, conceber uma idéia que traduza tal interesse e organizar todo o aparato para a realização.

5 · SERVIÇOS

Algumas entidades empresariais também oferecem serviços em razão da facilidade e do acesso que têm a determinado órgão público, segmento de negócio ou conjunto de empresas. Entre tais serviços, destacam-se:

- provimento de acesso à Internet;
- emissão de passaportes e vistos;
- publicação e distribuição de boletins de oportunidades de negócios e empregos;
- publicação e venda de livros e catálogos;
- venda de mala-direta dos sócios para trabalho de marketing direto;
- pesquisas em bancos de dados e órgãos no exterior;
- organização de eventos, com aluguel de auditórios, centros de convenções, escritórios virtuais e equipamentos;
- cursos e seminários de treinamento para empregados;
- acervos e bancos de informações comerciais ou de investimentos.

6 · AÇÕES SOCIAIS E RESPONSABILIDADE SOCIAL

As entidades empresariais não são apenas centros de negócios, mas também catalisadoras de demandas sociais e multiplicadoras de conceitos de responsabilidade social nos negócios. É usual que entidades empresariais tenham projetos de ação social, apóiem iniciativas que visem promover o bem-estar e organizem ações de responsabilidade social das empresas sócias diante de funcionários, comunidades, governos e demais públicos.

De campanhas de doação e patrocínio de grandes projetos sociais até a difusão de métodos para comportamento ético e socialmente responsável das empresas, as entidades empresariais se revelam grandes captadoras para causas sociais, por serem eficazes em fazer o elo entre entidades não-governamentais – geralmente com pouco acesso ao setor empresarial – e empresas que estão dispostas a reverter para a sociedade parte das riquezas produzidas pela organização.

As entidades empresariais pelas suas especificidades

Ainda que tenham objetivos comuns de divulgar seus associados e oferecer espaços para troca de informações, as entidades de representação empresarial diferem entre si nas formas de se organizar, em vista dos segmentos em que atuam. Algumas se concentram em setores amplos, como indústria e serviços, englobando até mesmo pequenos sindicatos patronais. Outras são mais focadas em setores específicos, como energia, comércio exterior, telecomunicações e daí por diante.

Na estrutura de uma entidade empresarial, ainda há mais subdivisões, que são feitas de acordo com os interesses das empresas sócias, tais como finanças, marketing, assuntos fiscais, recursos humanos, energia, comércio internacional, direito entre uma infinidade de temas, conforme as necessidades dos sócios em abordá-los.

Tomemos como exemplo o setor de petróleo. Suponhamos que haja um crescimento acelerado projetado para a produção de petróleo em um estado. Imaginemos que a mão-de-obra seja escassa na região e que isso gere ou venha a gerar um entrave ao crescimento da produção. Pode ser criado, dentro da entidade de petróleo, um grupo específico de recursos humanos, que levantará todas as dificuldades para seleção, treinamento, desenvolvimento e retenção de talentos dentro da indústria do petróleo.

Vale reforçar, o relevante no movimento das entidades empresariais é a composição dos grupos de interesses. Para funcionar, não pode haver desequilíbrio nas forças representadas. Todas as empresas, ainda que concorrentes, têm um espaço neutro para buscarem soluções conjuntas que beneficiem a todas. Mesmo que as empresas sejam concorrentes, existem bases mínimas de que todo um setor precisa para fazer que os negócios prosperem. São as condições necessárias para tornar um investimento viável e lucrativo. Concorrentes têm nas entidades empresariais campos abertos e equilibrados para propostas conjuntas que tragam benefícios para todos os integrantes do setor. Elas podem trabalhar juntas contra determinada política de impostos, a favor da criação de linhas de crédito mais acessíveis ou por condições de infra-estrutura que só o governo pode oferecer.

Pelos seus tipos, podemos separar as entidades empresariais da seguinte maneira:

- associações comerciais;
- institutos;
- câmaras de comércio;
- federações;
- confederações;
- clubes de negócios;
- conselhos empresariais.

A anatomia do poder numa entidade empresarial

No topo da entidade empresarial, há um grupo formado por grandes empresários e altos executivos dos maiores provedores de recursos da instituição, normalmente empresas com grande peso político e econômico. Esse grupo é composto de uma diretoria eleita por aclamação em fórum aberto dos associados, o que lhe confere um mandato que pode variar entre dois e quatro anos. Normalmente, essa diretoria elege um dos integrantes do grupo como presidente. Um presidente de uma entidade empresarial é a personificação dos ideais de todo um grupo de empresas e suas ações se confundem com as visões e os anseios de todos os associados. O presidente é responsável por respeitar e fazer valer a missão da entidade que ele representa.

Uma vez fechada a composição hierárquica de uma entidade empresarial, são estabelecidas as metas e as estratégias a ser desenvolvidas ao longo do mandato. As metas são grandes temas de interesse da entidade, tendo em vista a forma como são percebidas pelo conjunto das empresas sócias. Assuntos tradicionalmente polêmicos

– ou que exigem constantes reciclagens acerca das teorias e práticas – são alvos certos na formulação das metas das entidades empresariais. Já as estratégias são definidas como as ações a ser empreendidas dentro de prazos estabelecidos para que sejam reformuladas práticas de negócios, de regulação por parte dos governos ou até mesmo de mudança de percepção por parte da opinião pública.

As definições das metas e das estratégias levam à criação dos grupos de interesse. São esses grupos que desenvolverão – analítica e tecnicamente – os conhecimentos necessários para a alteração de um quadro desfavorável para as empresas. Podem, ainda, ampliar a lucratividade em um setor, ajudando os governos na reformulação de suas políticas, de forma a tornar tais regras mais ajustadas ao ambiente de negócios, ao mesmo tempo ampliando a capacidade do poder público de evitar fraudes por parte de empresas inescrupulosas.

Com algumas variações de entidade para entidade, podemos dizer que na maior parte dos casos o organograma interno abrangerá:

- *Board* – formado por empresários, presidentes e vice-presidentes das empresas com maior projeção em determinado setor. Em geral, essas empresas acabam se tornando as maiores mantenedoras da entidade pela proeminência e pelo prestígio conferido em ocupar uma posição de destaque no meio empresarial. O *board* é responsável pelo planejamento da entidade no longo prazo, definindo as grandes linhas a ser seguidas, tanto no campo político-social quanto no econômico.

- **Diretorias** – funcionários remunerados pela entidade, são responsáveis tecnicamente pela execução e aferição dos resultados alcançados pelas ações das entidades empresariais. Em muitos casos, as posições de diretoria são ocupadas por ex-presidentes de empresas ou executivos com longos anos de carreira, com liderança indiscutível na formação de opinião no setor.

- **Conselhos ou Comitês** – formados por altos executivos representantes das empresas associadas, têm a incumbência de discutir as pautas de interesse da entidade e compartilhar conhecimentos e informações dentro de cada segmento específico, tais como finanças, jurídico, ação social, recursos humanos, energia, marketing, comércio, cultura, turismo, telecomunicações, transporte, tecnologia, entre outros.

- **Gerências** – assim como qualquer organização, as entidades empresariais necessitam de gestores com ampla capacidade de organização e iniciativa que possam gerenciar todas as atividades. As gerências cuidam de fazer funcionar de forma fluida a comunicação entre todos os setores internos e são responsáveis pela interface com os Conselhos e Comitês. É a parte operacional do trabalho. Tais gerências costumam ser de comunicação, marketing, administrativa e de finanças, eventos, conteúdo e desenvolvimento, variando de entidade para entidade quanto à denominação dos setores, mas se assemelhando na forma de atuação.

Pessoa física ou jurídica? A composição do público de uma entidade empresarial

EM GERAL, as entidades empresariais associam exclusivamente pessoas jurídicas, ou seja, empresas oficialmente registradas, ligadas ao segmento de negócios que a entidade procura embandeirar.

As empresas, uma vez afiliadas, têm uma cota de executivos diretores a indicar para compor diferentes grupos de trabalho. É muito comum que os próprios presidentes de empresas assumam o papel de principais representantes dentro de uma entidade empresarial, em especial quando suas empresas têm um peso importante em dado segmento.

Empresários também são um público *a priori* das entidades empresariais, pois se interessam em entender constantemente a evolução da realidade da região ou mesmo do país em que estão investindo. Além disso, têm a oportunidade de identificar novas potencialidades e nichos de negócios ainda a ser explorados.

Algumas entidades empresariais diferem quanto ao critério de seleção das empresas sócias. No setor de comunicação, por exemplo, estão em franco crescimento as entidades que congregam anunciantes. Algumas chegam mesmo a barrar a entrada de consultorias no quadro de sócios, por entenderem que pontos fracos possam ser divulgados, fazendo que as empresas sejam assediadas com propostas de serviços ou, pior ainda, que tais consultores venham a se utilizar dessas informações para incrementar os negócios dos concorrentes não alinhados à entidade, dando informações estratégicas privilegiadas. Em relação à política de "campo neutro", é uma proteção quanto à confidenciabilidade do que é discutido. Já entidades empresariais de grande porte, como os sistemas Fiesp e Firjan, por exemplo, permitem que até mesmo outros sindicatos patronais se associem, formando uma enorme teia de troca de informações.

Resumidamente, os públicos que compõem as entidades empresariais são formados por executivos de empresas de todos os portes, empresários de vários segmentos, consultorias de médio e de grande porte em algumas entidades e sindicatos patronais, nos casos de entidades de grande porte.

É interessante notar que, embora atue há muitos anos a serviço de alguns setores, existe uma reciclagem considerável do público dentro das entidades empresariais. É cada vez mais comum a participação de profissionais de vasta experiência compondo grupos de trabalho específicos com jovens executivos que estão despontando. Essa mistura, obviamente, baseia-se na capacidade técnica e analítica que cada integrante pode oferecer ao grupo de acordo com a experiência na empresa em que atua. E, sem dúvida, retornará com outras visões práticas de como outras empresas lidam com problemas parecidos.

Grupos de negócios: sinal verde para relacionamento

JÁ ENTENDEMOS A QUE se propõe uma entidade empresarial. Também entendemos que tipo de público rodeia os fóruns de negócios, em busca de informações e de novas oportunidades. Agora, vamos adentrar um pouco mais no que a nosso ver é o âmago do bom funcionamento de uma entidade empresarial: a formação dos grupos de interesses específicos.

Para explicar o que é um grupo de negócios, tomamos emprestada a definição do consultor de organizações Marco Oliveira, que ressalta a importância da formação de grupos de executivos para uma organização com base em quatro objetivos básicos[2]:

1 levantar dados;
2 trocar informações;
3 prestar informações;
4 resolver problemas.

Embora o conceito tenha sido elaborado para grupos de trabalho dentro de uma empresa, ele pode perfeitamente ser estendido para uma entidade empresarial. O ponto de partida de um grupo de negócios está na capacidade que cada integrante desse grupo tem de contribuir ao levantar dados dos seus setores e transformá-los em informações pertinentes para todos os outros integrantes, numa troca contínua. Isso não significa abrir as estratégias da empresa para os concorrentes, mas levantar questões que possam estar impedindo a evolução de todo um segmento de negócios. Essas trocas de informações são fundamentais para que todas as empresas conheçam as boas práticas de gestão e as ações dos governos na definição de políticas públicas.

Na verdade, um grupo de negócios é um centro de produção de conhecimento repleto de oportunidades. Cada executivo ou empresário traz uma enorme bagagem profissional, tendo sempre uma visão particular sobre as questões levantadas, prestando informações para que todo o grupo possa se posicionar

---

[2] OLIVEIRA, Marco. *O dream team no topo da pirâmide: sinergia e trabalho de equipe entre altos executivos*. São Paulo: Nobel, 1995, p. 19.

diante do que se apresenta. Por essa razão, todo grupo de negócios é um excelente espaço para que problemas comuns a várias empresas, concorrentes ou não em um segmento, possam ser discutidos às claras, sem restrições. E, na maior parte dos casos, são encontradas soluções para problemas. Essas soluções podem variar da sugestão para que o poder público interprete uma lei de uma nova forma até a elaboração de uma proposta de alteração do artigo de lei, exercendo atividades de *lobby*. E não devemos nos assustar com isso: o *lobby* é positivo quando feito com transparência e objetivos legítimos. Ser representada perante o poder público em qualquer esfera é um direito legítimo que toda organização tem. No caso das entidades empresariais, em razão do grande prestígio a elas conferido e do destaque que têm na sociedade, torna-se praticamente impossível qualquer movimento com o objetivo de violar as leis do país, exercendo pressão sobre o poder público. Não podemos nos esquecer de que grandes companhias, na maioria dos casos, são conduzidas por códigos de ética e de conduta bastante definidos. Nos casos em que acontecem transgressões, dificilmente tais movimentos são liderados por entidades empresariais, que normalmente se esforçam para tornar as leis mais justas e o Estado mais eficiente e eficaz para executá-las.

Uma vez definida a pauta de discussões do grupo de negócios e criado o clima propício de confiança para o levantamento de informações e a troca de conhecimentos, naturalmente o grupo passará a se focar em prestar informações cada vez mais relevantes e resolver problemas comuns a todos.

Cada entidade empresarial determina uma nomenclatura diferente para seus grupos de negócios. Tais denominações podem variar de região para região. Na maior parte dos casos, são chamados de comitês, fóruns ou conselhos.

Três movimentos culminam na formação de um grupo de trabalho. O primeiro deles é a definição, por parte do grupo diretor da entidade, dos temas principais a ser trabalhados. Em geral, esses são temas ligados a assuntos fiscais, novas áreas de negócios, legislação, áreas de produção e tecnologia, agendas de políticas públicas, infra-estrutura industrial e urbana, entre outros.

O segundo movimento de formação de grupos de negócios ocorre a partir de pequenos círculos de profissionais de empresas associadas, eventualmente interessados em tornar institucional o trabalho de troca de conhecimentos de um setor relativamente novo. Nos tempos atuais, mais do que nunca, a prática muitas vezes acaba antecedendo a teoria. Assim, muitos grupos informais criam uma rede de troca de informações, de forma a contar com diferentes visões sobre as novas técnicas e suas aplicações nos vários setores de negócios. Pela ampla experiência em organizar encontros empresariais, as entidades oferecem uma estrutura prática para realização de qualquer tipo de encontro entre esses grupos, das clássicas reuniões fechadas até encontros em salas de *chat*. Trocar experiências é uma necessidade contínua para quem está no mercado. A Internet nos mostra como muitos grupos formados em torno de listas de discussão sentem a necessidade, muitas vezes, de desenvolver ações que estimulem a presença física dos integrantes do grupo em encontros informais ou até mesmo eventos. Quando esses grupos crescem, há uma necessidade de tornar "institucional" o trabalho, pois os integrantes começam a se interessar em difundir os conhecimentos adquiridos. O aparato da entidade empresarial é perfeito para tornar um grupo informal em grupo institucionalizado, oferecendo a marca tradicional da entidade, a fim de certificar a qualidade do trabalho desenvolvido pelo grupo.

Uma terceira forma de organizar um grupo de interesse ocorre quando há um incentivo ou uma solicitação de governo para que a entidade contribua na formulação de uma política pública para um setor específico. Muito recentemente, as agências reguladoras brasileiras contaram com contribuições importantes de entidades empresariais para as áreas de energia, telecomunicações, saúde pública e previdência privada. Em muitos casos, os aparelhos burocráticos do governo não estão aptos a lidar com as alterações nos cenários de negócios. Basta pensarmos na Internet, por exemplo, para entender que, por mais profissionais que o governo venha a empregar, em pouco tempo eles estarão defasados com a evolução dos *softwares* e das tecnologias.

Na fase de elaboração do grupo, a entidade empresarial necessita desenvolver ações bastante efetivas para explicar aos executivos como a entidade funciona e incentivar o grupo a participar ativamente das realizações internas. **Por meio de um trabalho de relações públicas, são desenvolvidos informativos e reuniões internas para mapear os interesses que o grupo tem por determinados temas. Trata-se de um trabalho de auditoria de opiniões e interesses, que devem ser alinhados com as metas da entidade empresarial.**

Estabelecido o grupo de negócios por área de interesse, faz-se necessário escolher um líder que sirva como motivador e organizador das pautas de debate. Em geral, as entidades empresariais optam por escolher executivos com larga vivência nos trabalhos da organização, de forma a captar os assuntos mais "quentes" e direcionar a entidade sobre a forma mais pertinente de abordá-los. Esses líderes podem ser chamados de *chairmen* ou conselheiros e são sempre indicados entre os integrantes do grupo.

Tomando um conceito de Seth Godin, um dos pioneiros das estratégias de marketing na Internet, os grupos de interesse são antes de tudo um canal de "permissão" entre os sócios, pois se trata de um espaço aberto, no qual empresas e profissionais voluntariamente aderem aos temas mais interessantes. Há uma clara política de relacionamento estimulada entre os associados, já que o principal mérito de uma entidade empresarial é criar a ambiência ideal para que novas informações sejam trocadas e novos negócios venham a ser gerados.

Seth Godin utiliza a metáfora "levantar a mão" para definir a adesão daqueles clientes que passam a participar de campanhas de relacionamento. No centro dessa permissão para que as empresas construam um fluxo de comunicação está a idéia de que as mensagens são esperadas pelos clientes e fazem parte de uma agenda de interesses. A partir do momento que o associado "levanta a mão" para receber informações sobre determinado produto ou serviço, isso indica que as possibilidades de ele vir a comprar são maiores e a verba de marketing mais bem aplicada[3].

Em uma entidade empresarial, tudo que passa a ocorrer está exatamente no "levantar a mão" dos clientes. Nesse caso, os clientes de uma entidade empresarial têm de ser percebidos em dois níveis. O primeiro nível é o da empresa como organização que necessita manter contato com o ambiente externo. Já o segundo nível é formado pelos profissionais que vão compor os diferentes grupos de trabalho. Perceber esses dois níveis é o ponto de partida para o trabalho de planejamento de relações públicas numa entidade empresarial.

O trabalho de relações públicas em entidades empresariais

MOSTRAMOS QUE, DE UM LADO, as empresas necessitam cada vez mais entender o ambiente externo e se reunir em grupos, tanto quanto os profissionais com cargos de diretoria buscam novas formas de reciclar conhecimentos e trocar informações. Falamos de relacionamento e também de "permissão". Definimos quais as realizações de uma entidade empresarial na promoção de seus associados. O trabalho de relações públicas numa entidade empresarial deve estar orientado a fazer girar toda a engrenagem que faz funcionar essa grande estrutura que compreende vários interesses.

A matéria-prima de uma entidade empresarial são seus associados, que definem uma ou várias áreas específicas de interesse. A partir daí, cabe à entidade empresarial oferecer o ambiente ideal para extrair o máximo de informações relevantes e torná-las acessíveis ao quadro de sócios.

Por definição, a função de relações públicas dentro de uma organização é promover o fluxo de informações entre os diferentes públicos internos e externos, por meio de campanhas de

---

[3] GODIN, Seth. *Marketing de permissão: transformando desconhecidos em amigos e amigos em clientes*. Rio de Janeiro: Campus, 2000.

comunicação que respeitem as características de cada público. Da mesma forma, cabe ao profissional de relações públicas oferecer à alta direção informações consistentes sobre como a empresa é percebida pelos públicos externo e interno e se essa percepção sobre suas práticas na condução dos negócios é vista por esses públicos da maneira como a organização planejou.

Numa entidade empresarial, o trabalho de relações públicas está focado em criar estratégias que permitam prover fluxos de informações entre os públicos internos e externos. Contudo, antes de aprofundarmos tal análise, ao falarmos de entidades empresariais, gostaríamos de propor um modo diferenciado para empregar o conceito de público "interno" e público "externo".

Ainda que uma entidade empresarial tenha seu quadro de funcionários, como qualquer outra empresa, preferimos incluir na definição de público interno as empresas sócias e os seus representantes, uma vez que todos participam na definição dos rumos da entidade. Essas empresas e seus empresários ou executivos vivem o dia-a-dia da entidade empresarial acompanhando a evolução da organização da porta para dentro. Por isso, a comunicação com esses grupos de múltiplos interesses tem a "permissão" para ser mais próxima, relevante e freqüente.

Como público externo, identificamos todo o ambiente que circunda tanto a entidade empresarial quanto o conjunto de empresas que são sócias. São governos, outras entidades empresariais, empresas não-sócias, comunidades, organizações não-governamentais, sindicatos, órgãos de imprensa e divulgação. Com o público externo, há uma constante preocupação em criar um trabalho de opinião pública que vise, sobretudo, a traduzir para a sociedade o que o grupo de empresas reivindica para melhor desenvolver suas atividades em uma região ou país.

Internamente, o profissional de relações públicas deverá desenvolver ferramentas que possibilitem a divulgação de conhecimentos entre os associados empregando campanhas de relacionamento. Externamente, atuará como um promotor da entidade, repercutindo as ações de seus associados na geração de novos negócios, e como organizador de encontros e eventos corporativos, captando novas informações de fora para dentro, ou ainda estabelecendo contatos com imprensa e governos.

Relações públicas e público interno de uma entidade empresarial

QUANDO UMA EMPRESA aceita se tornar membro de uma entidade empresarial, ela está "levantando a mão" para ter um relacionamento mais estreito com o conjunto de empresas que compõem o quadro de sócios. Vale ressaltar a noção de permissão mais uma vez. Quando a empresa se agremia a uma entidade, ela já espera um retorno *a priori* dessa nova relação, seja em oportunidades de novos negócios, busca por conhecimento ou, simplesmente, *status* por fazer parte de um grupo seleto ou restrito. É um relacionamento diferente, já que ele antecipa necessidades e expectativas. A empresa espera por ações que repercutam e fortaleçam sua identidade corporativa como associada de um grupo sério de formação de opinião.

Nesse contexto, o trabalho de relações públicas passa a ser criar um fluxo de troca de informações consistente entre os diferentes membros da entidade. Os canais de comunicação dentro de uma entidade empresarial são exemplos de uma verdadeira política de relacionamento com os clientes. Eles começam no nível mais básico com compilações, revistas e anuários e, mais profundamente, podem culminar na elaboração e divulgação de alguma análise de peso com uma radiografia completa do panorama de negócios para determinado segmento. O primeiro desafio do planejamento de comunicação para o público interno é criar, no grupo, o hábito de compartilhar informações. Estamos falando de geração de um ambiente de confiança mútua. Isso só ocorre com uma política de comunicação clara, objetiva e eficaz sobre as propostas do grupo e os resultados esperados.

Não é fácil fazer que concorrentes fiquem lado a lado para discutir problemas comuns, pois, no período de formação do grupo, é natural que haja receio em falar sobre a própria empresa e revelar algo que possa ser usado pelo concorrente no futuro.

O mais importante que as entidades empresariais têm a oferecer é um ambiente aberto e imparcial no qual se reúnam periodicamente empresários e executivos. O ambiente pode ser formado por encontros informais, passando por reuniões fechadas, chegando a conferências com centenas de profissionais. O grande apelo da entidade empresarial, contudo, é a capacidade de reunir pessoas em eventos de negócios.

O contato presencial passa a ser um veículo importante de prestígio do grupo e pertinência do trabalho que a entidade promove. Por isso, reuniões internas, palestras, seminários, *workshops* e feiras de negócios passam a ser canais de contatos importantes para os interesses dos sócios.

Reunir um grupo de empresários e executivos é um trabalho que exige planejamento, organização e eficiência para que tudo saia totalmente certo, pois se trata de um grupo seleto que, além de ter o interesse focado em assuntos específicos, no dia-a-dia, conta com um recurso cada vez mais escasso: tempo.

A primeira dificuldade em coordenar a agenda de tantos profissionais é a exigência de que as datas sejam definidas com razoável antecedência e os encontros sejam objetivos e focados em resultados práticos e mensuráveis. Um encontro que não renda novas informações ou deixe de avançar com determinado projeto gera uma sensação de estagnação. E isso toma tempo! E tempo ninguém quer perder...

O primeiro trabalho de relações públicas é definir quais serão as formas de se comunicar com o público e os canais de contatos, com empresários e executivos integrantes dos grupos de negócios da entidade. Usualmente, são desenvolvidas técnicas de comunicação dirigida com esses públicos, por meio de planejamento, elaboração, redação e envio de:

- cartas personalizadas de convocação;
- *e-mails* com boletins expressos;

- salas de *chat* para debates;
- informativos setoriais;
- folhetos para divulgação de eventos de interesse específico;
- atas e pautas de debates;
- compilações com análises detalhadas sobre o setor;
- relatórios para a alta direção da entidade sobre a produção do grupo e os caminhos a ser seguidos.

Pode-se perceber claramente que o trabalho de relações públicas é desenvolver canais facilitadores da comunicação entre os membros dos grupos de negócios, criando trocas de informações freqüentes e interessantes, organizadas e cadenciadas de forma a valorizar a participação dos empresários e executivos, dentro de um plano coerente de relacionamento entre os membros dos próprios grupos e dos grupos com a entidade empresarial no seu conjunto.

O planejamento de comunicação interna: como manter o interesse do grupo em alta

EMPRESÁRIOS E EXECUTIVOS de alto nível geralmente fazem parte de vários grupos de trabalho em diferentes entidades empresariais. Naturalmente, a disponibilidade que têm para dirigir de forma efetiva os negócios e participar das atividades das entidades empresariais torna o tempo cada vez mais escasso. Por isso, a tendência é que o público fique mais e mais seletivo acerca de qual entidade é, de fato, a mais interessante para se fazer presente. Isso mesmo! Algumas entidades empresariais concorrem entre si pela atenção das empresas e dos executivos, criando estratégias de fidelização para estimular a interação contínua com a entidade. O que, portanto, faz que empresários e executivos dêem mais atenção a uma entidade empresarial do que a outra?

Num primeiro momento, ficamos tentados a responder que é o prestígio da entidade na sociedade, mas isso é um engano. É claro que o prestígio de uma entidade tradicional e forte pesa muito na decisão de uma empresa de querer fazer parte do quadro de sócios. Mas não é só isso que a mantém fiel e motivada a participar intensamente das ações da entidade. Na verdade, o que motiva as empresas a intensificar a relação com a entidade é a capacidade que essa entidade tem de estabelecer um nível de comunicação que mantenha as empresas e seus executivos em permanente interesse nos rumos dos negócios diante dos panoramas político, econômico e social. Elas querem a informação da fonte mais confiável e desejam que suas opiniões tenham força ao ser divulgadas. Estamos falando de planejamento de comunicação e estratégias de fidelização.

O que diferencia uma entidade empresarial de sucesso de uma entidade empresarial de fraca atuação é a capacidade de fidelizar seus clientes empregando ações de comunicação, repercutindo as contribuições das empresas e mantendo fluxo de troca de informações constante, relevante e direcionado entre os executivos, de acordo com os reais interesses das empresas. Estamos falando de planejamento de relações públicas.

As ferramentas apresentadas, por si sós, não trazem nada de novo. O que faz toda diferença é a forma como se trabalha com tais recursos. Ao trabalhar com o público interno da entidade, o profissional de relações públicas deve estar preparado para:

1 buscar informações de interesse do grupo: a entidade vira uma fonte de informações sobre a realidade, o que só é possível quando há uma percepção das empresas quanto à credibilidade da entidade. As fontes de informação são as próprias empresas e os diferentes pares na sociedade com os quais a entidade se relacionará, como imprensa, governos, agências reguladoras, entre outros;

2 estabelecer os canais mais apropriados para se comunicar com os associados, servindo-se da permissão que foi dada e do resultado do levantamento de interesses dentro dos grupos de negócios. Os canais devem ser definidos de acordo com a eficácia de alcançar o público, valorizando esse contato baseado na informação em primeira mão;

3 definir a forma de comunicar que prenda a atenção do público e faça realmente diferença, considerando a enxurrada de informativos e documentos que executivos e empresários recebem diariamente;

4 valorizar o contato com a empresa ou executivo, evitando saturá-los com informações desconexas ou irrelevantes;

5 travar o contato na hora certa, oferecendo a informação realmente privilegiada em primeira mão;

6 levar à ação, fazendo que os associados percebam o retorno de participar de um grupo que é reconhecido como formador de opinião.

A receita é simples, mas, comumente, algumas entidades, na ânsia de mostrar trabalho, saturam seus associados com uma massa de informações que não têm nenhuma relevância para o negócio da empresa. Isso é "queimar cartucho". E o resultado, ao contrário do que se pensa, é que os executivos a quem se direcionam as ações acabam repudiando tudo que possa vir da entidade, pois não interessa mais por causa da saturação que foi promovida.

É claro que entidades que agem dessa forma não contam com nenhum respaldo de um profissional de comunicação. O planejamento de comunicação para uma entidade empresarial tem de prever a relevância do assunto, o interesse da empresa, a freqüência da troca de informações e, finalmente, o canal e o tempo mais apropriados para pôr o plano em prática, tendo em vista que tudo isso deve levar o público à ação desejada, que é a constante participação no dia-a-dia da entidade.

Definido o tipo de comunicação a ser desenvolvido com o público interno, é chegada a hora de divulgar para a sociedade as contribuições da entidade empresarial. Mais um campo repleto de oportunidades!

Público externo: relações públicas no trabalho do conceito da entidade

O TRABALHO COM O PÚBLICO EXTERNO, por si só, exige atuações em diferentes frentes. Dentro do conceito de "traduzir" para os públicos os ideais da entidade, contar com o planejamento de relações públicas amplia os resultados das ações. Deve ser incentivada a troca de informações com públicos externos à entidade – e, por analogia, externos também ao conjunto das empresas sócias – de forma adaptada às necessidades de cada público que interage com a entidade.

Por reunir um número significativo de empresas, as entidades empresariais são sempre visadas por governos, entidades não-governamentais, sindicatos e imprensa. A razão é muito simples. Desde que haja um órgão de representação do que pensa o conjunto das empresas sócias, é muito mais eficiente tentar entender a postura das empresas de acordo com seus representantes legítimos. Não é uma empresa que emite um parecer, mas a entidade que personifica o pensamento de todo um segmento de negócios.

Para detalhar um pouco mais o trabalho de relações públicas voltado para o público externo, temos de entender qual é o ponto de partida da entidade: a sua marca.

Entidades empresariais e a força da marca

QUANDO VOLTADO PARA DIVULGAR o conceito da entidade empresarial para o público externo, o trabalho de relações públicas numa entidade empresarial tem de estar direcionado para a construção ou manutenção de uma marca forte, que mantenha presente a credibilidade da entidade perante o público externo.

Uma vez desenvolvida uma logomarca forte, é necessário que haja um conjunto orquestrado de ações por parte da entidade empresarial a fim de fixar a marca na sociedade. Isso pode acontecer por meio de eventos de negócios e análises setoriais, trabalho de assessoria de imprensa, ações sociais e de responsabilidade empresarial, entre uma gama variada de opções.

A marca de uma entidade empresarial deve refletir a seriedade do trabalho desenvolvido por seus sócios e tem de ser percebida como um referencial para a geração de negócios e como centro de formação de opinião. Várias atenções convergem para uma entidade empresarial, e manter sua marca viva e forte é a melhor maneira de torná-la sempre respeitada.

A atuação do setor de relações públicas voltada para o público externo parte, portanto, da necessidade de proteger a marca da entidade, agindo de forma transparente com os diferentes públicos, de forma a traduzir da melhor maneira os anseios de seus sócios. Uma vez filtradas as informações dentro dos grupos de negócios e selecionadas aquelas informações que tenham apelo também para o restante da sociedade, parte-se para um trabalho de sensibilização dos diferentes pares da entidade empresarial.

Como explica Luiz Carlos de Souza Andrade[4], o trabalho de consolidação da identidade corporativa deve estar voltado para transformar a marca em ícone. Com as entidades empresariais, ocorre o mesmo esforço de construção de credibilidade em torno da marca da instituição.

Também cabe ao setor de relações públicas mapear a credibilidade que a entidade empresarial obtém com as ações de comunicação voltadas para os públicos externos, utilizando pesquisas de opinião que identifiquem mudanças na percepção do público. Outra possibilidade é acompanhar a exposição da entidade na mídia, com análises sobre o conteúdo das matérias e a importância na formação de opinião na sociedade.

Entidade empresarial e imprensa: exposição planejada da instituição

O AMBIENTE DA ENTIDADE EMPRESARIAL também oferece riscos aos associados quando não estabelece uma relação de transparên-

---

[4] "Identidade corporativa e a propaganda institucional". In: KUNSCH, Margarida (org.). *Obtendo resultados com relações públicas*. São Paulo: Pioneira, 1997, p. 117.

cia com determinados públicos, tais como governo e imprensa. Ao reunir concorrentes para análises e formulação de propostas para o setor, a primeira percepção que se tem é a da possível formação de grupos para criar cartéis ou promover pressões ilícitas. Olhando de fora, pode-se causar tal impressão, e a imprensa está sempre atenta aos movimentos das entidades empresariais.

Concentrando na questão da relação com a imprensa, é fundamental que sejam desenvolvidas ações de aproximação para oferecer aos jornalistas informações sobre os temas debatidos e os tipos de negócios desenvolvidos pelas empresas sócias. Como defendemos antes, o contato deve ser centrado na "tradução" para a sociedade dos trabalhos desenvolvidos e dos pontos de vista das empresas sócias sobre os temas.

O plano de relacionamento com a imprensa não só deve considerar os grandes veículos e editorias, como também pensar na imprensa segmentada, de acordo com a área de interesse da entidade. Por exemplo, voltando ao caso da entidade no setor de petróleo, há temas ligados à grande imprensa – como questões relacionadas com os preços dos combustíveis e o impacto na inflação, com a qualidade do combustível vendido nos postos, entre outros fatores, que podem afetar a vida de todos. Mas também é interessante atentar para uma série de veículos segmentados como revistas voltadas para produtores de equipamentos e insumos de petróleo, ou ainda informativos empresariais, os quais enfocam aspectos econômicos do setor de forma mais detalhada e aprofundada. Várias são as possibilidades de demanda por parte da mídia ampla e pela segmentada.

O importante é que o planejamento preveja que a relação com a imprensa deve ser parte de um esforço coordenado para ampliar a credibilidade da entidade empresarial e formar opinião em torno das visões defendidas pelas empresas sócias. Obviamente, tal credibilidade é obtida numa relação de longo prazo, cultivando confiança com os órgãos de imprensa.

De um lado, a entidade empresarial ajuda a criar as pautas dos veículos de alcance amplo e segmentado. De outro, serve como referência para editores e jornalistas. É comum que as entidades empresariais que tenham um setor de comunicação organizado e assessorias de imprensa ágeis tornem-se referências nas fases de produção das matérias. As entidades são solicitadas a indicar empresários e executivos que emitam opiniões e pareceres sobre os mais diversos assuntos. Indiretamente, o que o veículo está fazendo é promovendo a empresa como fonte segura de informação ou, em último caso, atestando que aquele profissional entrevistado tem aval suficiente para emitir opinião sobre o tema tratado.

Transparência e visão de longo prazo são essenciais para a relação da entidade empresarial com a imprensa, evitando percepções negativas quanto aos trabalhos desenvolvidos pelas empresas no seio dessa organização. Somente um plano amplo de comunicação, baseado em relações públicas, potencializará o contato com a imprensa na exata medida que as metas da entidade empresarial demandarão.

Entidades empresariais e comunidades: central de projetos e oportunidades sociais

GRAÇAS AO TRABALHO de entidades sérias e comprometidas, a cada dia se fortalece e fica mais clara a importância das ações de responsabilidade social das empresas. Estas finalmente começam a entender seu papel de vetores sociais de desenvolvimento.

Era muito comum, há alguns anos, que propostas de desenvolvimento de ações perante as comunidades fossem negadas, sob a justificativa de que tal investimento era "despesa" sem retorno. Por acaso, essas empresas eram as mesmas que achavam a questão do meio ambiente um modismo que logo passaria.

O resultado para as empresas que não perceberam a mudança de mentalidade foi cruel: multas, intervenções e até mesmo fechamento de fábricas poluentes que ofereciam riscos à saúde da comunidade, ampla cobertura da imprensa, em rede nacional, com denúncias sobre a falta de responsabilidade de dirigentes e empresários, e, o mais importante, um consumidor que refuta marcas e produtos que não respeitam os direitos básicos do homem. Multiplicaram-se as entidades não-governamentais, e não há um só assunto que afete a sociedade que passe despercebido por essas organizações.

As entidades empresariais têm um papel interessante a desempenhar nesse novo cenário, e o planejamento de relações públicas também deve contemplar a relação que determinado grupo de empresas pretende desenvolver com comunidades próximas. O primeiro movimento é o de conscientização. Entre os grupos de negócios, podem ser estimuladas as discussões em torno de responsabilidade empresarial e ética nos negócios. Tendo o grupo assimilado os conceitos de responsabilidade social, isso fatalmente se refletirá nas empresas em que atuam, visto serem executivos e líderes de equipes.

O segundo momento de atuação na área social é a entidade empresarial desempenhar a função de mediadora entre os projetos sociais e as empresas. Diariamente as empresas são inundadas com propostas simples ou mirabolantes para patrocínio de projetos sociais.

Existem dois perfis de empresas investidoras em projetos sociais. Há aquelas que mantêm um ou mais projetos e os potencializam como parte de estratégia de criação de identidade com o público e reforço das marcas, no trabalho recentemente chamado de marketing social. O objetivo é tornar público que parte da arrecadação com a venda de produtos ou serviços será destinada a ações de desenvolvimento sustentável.

Outro perfil de empresas é justamente o oposto. Desenvolvem projetos sociais, contínuos ou pontuais, mas preferem fazê-lo de forma *low profile*, sem alardear para evitar uma enxurrada de propostas. Mais e mais empresas aderem aos programas de ações sociais das entidades empresariais a fim de, em conjunto com outras empresas, canalizar esforços e investimentos em iniciativas de garantido retorno social no longo prazo, como projetos de saúde comunitária, incentivo a práticas esportivas ou educação elementar.

Até as empresas que mantêm grandes projetos contam com os serviços das entidades empresariais, que passaram a atuar como um filtro de propostas e idéias, levando às empresas somente aqueles projetos que realmente interessam, de acordo com o plano de retorno social estabelecido no planejamento estratégico da companhia.

As entidades empresariais também desenvolvem bancos de informações sobre projetos sociais implantados nas empresas sócias, servindo como material de referência para as corporações que desejam iniciar ações próprias. O banco de informações reúne os *cases* bem-sucedidos e os que não deram certo, dando indicações das melhores maneiras de aplicar recursos em projetos sociais.

Alguns exemplos que podemos apontar são os da Câmara Americana de Comércio de São Paulo, que criou comitês específicos, como o de cidadania, voltado a desenvolver projetos como o Instituto de Qualidade no Ensino, oferecendo apoio a escolas do ensino público primário, ou o comitê de democratização de informática, que oferece a comunidades carentes de São Paulo cursos de informática, incluindo fornecimento de computadores, equipamentos e montagem de infra-estrutura. Já a Fiesp, por exemplo, divulga em seu *website* (www.fiesp.com.br) informações sobre *cases* de proteção ao meio ambiente, baseados em experiências de empresas filiadas ao sistema. As informações se voltam principalmente para temas relacionados ao desperdício em unidades industriais.

Novamente, temos um trabalho de relações públicas com o objetivo de mediar interesses e promover o bem-estar.

Entidades empresariais e governos: esforços para o mesmo fim

VÁRIOS SÃO OS INTERESSES na relação entre empresas e governos. Algumas vezes, tais interesses são os mesmos. Em outras, são diametralmente opostos. Como mediadoras dessa relação nem sempre hostil, nem sempre amigável, as entidades empresariais se destacam como pólos legítimos de defesa dos anseios dos mais diferentes setores.

Assim como a relação com os órgãos de imprensa se baseia na transparência, o trabalho com os governos se pautará na formação de opinião positiva para as práticas de negócios promovidas e defendidas pelas empresas sócias.

A criação das agências reguladoras comprova que existe uma necessidade por parte dos governos em entender os segmentos econômicos e estabelecer políticas claras de atuação, desenvolvimento do mercado, equilíbrio de forças entre empresas concorrentes e proteção ao consumidor. As agências reguladoras reúnem técnicos com ampla vivência em uma área de negócios para analisar os rumos do mercado e antecipar situações que venham a se tornar desfavoráveis para a sociedade no futuro. Esses técnicos também necessitam de fontes seguras no segmento que indiquem os caminhos que o mercado aponta.

É comum que as entidades empresariais sejam procuradas pelas agências reguladoras para desenvolver trabalhos conjuntos sobre a realidade do mercado e para delinear as perspectivas futuras e as formas de intervenção governamental para evitar que a sociedade tenha prejuízos. Esses encontros resultam em propostas de políticas públicas que vão ser apreciadas de acordo com avais técnicos que respeitam tanto as empresas quanto as necessidades da sociedade.

Essa política do governo de "portas abertas" para ouvir o empresariado, além de contribuir para a formulação das políticas públicas, também abre um canal de mão dupla para que as empresas possam antecipar problemas que o próprio governo não percebe. Temas como formação de monopólios com a concentração de mercado, controle de preços de serviços públicos ou surgimento de novos mercados não dimensionados pelo governo são pontos que, normalmente, as empresas apresentam ao governo.

Pela política de transparência das entidades empresariais, as análises feitas são sempre muito bem recebidas, pois elas representam os anseios de um conjunto de empresas e não necessariamente o desejo de uma companhia de explorar algum setor. Os argumentos das empresas ganham força quando a marca de uma entidade séria está envolvida com uma proposta de análise de determinado assunto.

Há um permanente intercâmbio entre autoridades governamentais e empresários nas entidades de representação empresarial, partindo de contatos legítimos para apresentação de diagnósticos, oportunidades de desenvolvimento das mais diferentes regiões, entre outros temas.

Na esfera de relações públicas, cabe à entidade criar o ambiente ideal para que os encontros entre autoridades e representantes de empresas aconteçam. É normal que as autoridades públicas sejam recebidas em eventos de grandes proporções. Para ilustrar melhor o que a seguir apresentaremos como as etapas do processo de produção de um encontro empresarial, imaginemos uma entidade recebendo o ministro da Economia para um encontro com empresários. A realização do evento tem como etapas:

1 · CONCEPÇÃO

De acordo com os resultados dos trabalhos desenvolvidos pelos grupos de negócios nos comitês ou conselhos, o evento deverá ser elaborado de forma a apresentar ao ministro as percepções das empresas sócias quanto aos problemas enfrentados. Na fase de concepção, são mapeados todos os pontos de interesse partindo do que tem apelo para o grupo de negócios. Daí resultam os programas de eventos e a redação de propostas a ser entregues ao ministro no momento do encontro.

Definido o programa, é cumprida toda a parte de formalização do convite para o encontro, explicação da pauta a ser discutida, bem como da melhor data para sua realização. Toda a estratégia é pensada nesse momento, como os conteúdos a ser trabalhados, os públicos interessados no assunto e o tipo de comunicação a ser desenvolvida para que haja adesão de outros palestrantes e do público.

2 · ORGANIZAÇÃO

Nessa etapa, serão confirmadas as participações do ministro, de empresários e de outros executivos (como palestrantes), finalizando o formato do evento, o local de realização e demais detalhes. Com todos os nomes confirmados, o trabalho deverá manter todos os integrantes informados sobre as pautas a ser discutidas.

Também nesse momento serão produzidas as ferramentas de divulgação, tais como convites, *folders*, cartazes, anúncios ou comerciais, *releases* e informativos impressos ou digitais, que serão enviados aos integrantes dos grupos de negócios e demais interessados, conforme análise dos bancos de dados das entidades empresariais.

3 · CAPTAÇÃO

Com o programa do evento pronto, as entidades empresariais identificam potenciais patrocinadores, que tenham interesse em se apresentar nos segmentos de negócios como apoiadores de discussões para o desenvolvimento dos setores econômicos diretamente ligados ao assunto em pauta. Em entidades de grande porte, é normal que as próprias empresas se ofereçam como patrocinadoras *a priori* de determinados temas de interesse corporativo. Essas empresas se oferecem como apoiadoras incondicionais de determinados temas.

No caso do encontro com o ministro, podem ser contatados bancos, financeiras e indústrias que apóiem os assuntos em pauta e queiram associar suas marcas à realização.

Uma possibilidade de atuação para o profissional de relações públicas na equipe de captação é na elaboração de projetos para adesão das empresas patrocinadoras. Um bom evento começa sempre com um bom projeto.

4 · CERIMONIAL E PROTOCOLO

Chegada a etapa final, todos os detalhes devem ser conferidos e, finalmente, caberá ao setor de relações públicas zelar pelo perfeito desenvolvimento do evento.

Nessa fase, devem ser observados pontos como o texto do mestre de cerimônias, a recepção de autoridades nacionais e internacionais empregando-se ritual protocolar adequado, a acomodação do público, a alimentação, as atividades a serem desenvolvidas nos intervalos, a arrumação de salas e auditórios, além da infra-estrutura de som e multimídia.

É o dia de receber o ministro e cuidar para que tudo saia na mais perfeita ordem, cumprindo horários e transcorrendo de forma fluida para propiciar o melhor ambiente. Não podemos esquecer que, além das palavras do ministro e das propostas da entidade, homens e mulheres de negócios estão estabelecendo novos contatos com seus pares em outras empresas, trocando idéias e cartões e vislumbrando potenciais oportunidades de negócios.

Relações públicas no setor de captação de novos sócios

UMA ENTIDADE EMPRESARIAL também tem metas a cumprir como qualquer organização voltada para resultados. A tarefa de captar novos sócios é uma das mais delicadas. Nesse ponto, a adesão de novos associados será uma conseqüência direta do sucesso dos resultados alcançados pela entidade empresarial nos planos de comunicação com públicos internos e externos. Chamamos de sucesso na comunicação os resultados de opinião pública positiva em torno da entidade, assim como a percepção do público interno (grupos de negócios) quanto à pertinência dos trabalhos desenvolvidos.

Há entidades de representação empresarial que são procuradas pelas empresas. Também há aquelas que são evitadas a qualquer custo. Tudo dependerá dos retornos obtidos com as ações da entidade. A comunicação é um aspecto fundamental na percepção desse sucesso. Existem entidades empresariais que são procuradas pelas empresas pela capacidade de resumir todos os ideais que a empresa considera adequados à filosofia de negócios que ela mesma desenvolve.

Mais uma vez, o setor de relações públicas pode participar na elaboração do *kit* de associação, desenvolvendo prospectos e brochuras, formulários de adesão e informativos, além da elaboração das propostas de adesão, por meio de carta ou material multimídia para apresentações, como CD-ROM ou *slides*. Paralelamente, o setor de relações públicas deve trabalhar internamente os grupos de negócios, de forma a estimular que as próprias empresas sócias tragam outras empresas para o círculo de negócios, ampliando o número de participantes pelo marketing boca a boca.

Considerações finais

As RELAÇÕES PÚBLICAS ampliam a atuação das entidades empresariais, trabalhando necessariamente a troca de informações entre públicos de diferentes interesses, formando opinião pública, numa atuação externa, ou oferecendo internamente um ambiente propício (campo neutro) para difusão de conhecimento e geração de novos negócios. O êxito de uma entidade empresarial está centrado na forma como ela mobiliza esses diferentes públicos que a compõem. A mobilização é uma decorrência direta do trabalho de comunicação planejado e desenvolvido pela entidade empresarial, obtendo retorno por parte das empresas sócias e da sociedade em todos os seus setores. As relações públicas têm muito a contribuir para o êxito de uma entidade empresarial. As estratégias de relacionamento são a própria essência da atividade dessa área.

Os bons resultados alcançados com a aplicação das novas tecnologias de informação no campo do relacionamento – em especial com o incremento dos bancos de dados e os conhecimentos provenientes das áreas de administração e marketing – ainda não foram potencializados por não desenvolverem com a devida atenção o vetor comunicação. Acreditamos que os conceitos de relações públicas podem responder a uma demanda das áreas de relacionamento que ainda são deficientes: como comunicar de forma eficaz em campanhas para públicos segmentados. Os resultados alcançados pelas entidades empresariais oferecem um excelente exemplo das maneiras como relações públicas e ações de relacionamento podem ter resultados positivos. Um dos segredos das entidades empresariais que fazem sucesso é o planejamento bem elaborado, apoiado nos conceitos de relações públicas.

REFERÊNCIAS BIBLIOGRÁFICAS

ANDRADE, Luiz Carlos de Souza. "Identidade corporativa e a propaganda institucional". In: KUNSCH, Margarida (org.). *Obtendo resultados com relações públicas*. São Paulo: Pioneira, 1997.

DRUCKER, Peter. *Administrando em tempos de grandes mudanças*. São Paulo: Pioneira, 1999.

GODIN, Seth. *Marketing de permissão: transformando desconhecidos em amigos e amigos em clientes*. Rio de Janeiro: Campus, 2000.

NETO, Francisco Paulo de Melo. *Marketing de eventos*. Rio de Janeiro: Sprint, 1998.

NETO, Francisco Paulo de Melo; FROES, César. *Responsabilidade social e cidadania empresarial: a administração do terceiro setor*. Rio de Janeiro: Qualitymark, 1999.

OLIVEIRA, Marco. *O dream team no topo da pirâmide: sinergia e trabalho de equipe entre altos executivos*. São Paulo: Nobel, 1995.

SITES
Associação Brasileira de Comunicação Empresarial: www.aberje.com.br
Associação Brasileira de Marketing e Negócios: www.abmn.com.br
Associação Brasileira dos Anunciantes: www.aba.com.br
Câmara Americana de Comércio (SP): www.amcham.com.br
Câmara de Comércio Americana (RJ): www.amchamrio.com.br
Confederação Nacional da Indústria: www.cni.org.br
Federação das Indústrias do Estado de São Paulo: www.fiesp.com.br
Federação das Indústrias do Estado do Rio de Janeiro: www.firjan.org.br

CAPÍTULO 5
Uma nova proposta para a comunicação dirigida nas empresas
RICARDO BENEVIDES

UMA DAS QUESTÕES mais discutidas no meio empresarial é a necessidade de manter um bom relacionamento com diferentes tipos de público, em especial com os clientes. Todos os esforços humanos e tecnológicos para obter e gerar informações corroboram a tese de que grande parte das organizações adotou essa postura de máximo interesse por tudo que dissesse respeito às relações produtivas – dos dados que permitem a elaboração do planejamento estratégico e o estabelecimento de metas até as estatísticas de consumo e o comportamento pós-venda dos consumidores. Tudo que possa afetar o desempenho da empresa – atingindo suas marcas, operando oscilações em suas vendas – ultrapassou a esfera da logística para ser encarado como um problema de relacionamento. Por isso o conceito de relações públicas – que visa à compreensão mútua entre a organização e todos os grupos aos quais ela está ligada, direta ou indiretamente – adquire um papel estratégico, nessa perspectiva de comportamento empresarial. Em um plano mais específico, e no propósito de estabelecer, manter e melhorar o relacionamento entre empresa e públicos, a comunicação dirigida parece ser uma função de RP cujos limites ainda não foram totalmente explorados.

Por meio dela uma empresa poderá transformar sua atuação ao produzir informação, formar conceitos e operar mudanças na vida das pessoas envolvidas em qualquer dos processos produtivos, do público interno aos consumidores.

Uma simples reunião, quando elaborada de acordo com os objetivos gerais e específicos da empresa, pode ser considerada um instrumento de comunicação dirigida. Da mesma forma, a comunicação oral que ocorre pelo telefone, os documentos escritos, as apresentações de multimídia, os eventos e outra quantidade de ocorrências atendem aos interesses da comunicação dirigida, em busca da satisfação de necessidades imediatas ou de longo prazo de qualquer empresa.

Entre as diferentes modalidades da comunicação dirigida, parte significativa dos instrumentos utilizados depende do conhecimento e da utilização da língua, com especial atenção à produção de texto para a comunicação escrita. Seja qual for a estatura da organização, os instrumentos impressos registram sua história diária, servem aos propósitos imediatos e são capazes de estimular valores da instituição em seus públicos, criando condições para um bom relacionamento.

Daí advém a necessidade de reconhecer a importância da comunicação dirigida nos meios empresariais, considerando fundamental o cuidado para que impressos como o *house organ*, a revista da empresa, o *newsletter*, o manual de integração do funcionário, os boletins, os *folders*, os cartazes e demais instrumentos possam receber o tratamento adequado aos seus conteúdos, em busca da excelência na produção de texto e maior eficácia da comunicação escrita. Esse processo pretende que o texto atinja qualidades desejáveis a qualquer comunicação: ela precisa ser clara, a mensagem tem de possuir credibilidade, o conteúdo deve ser pertinente e a linguagem adequada às características do público.

A cultura empresarial e o espaço da comunicação escrita nas empresas

MESMO ASSIM, em grande parte das empresas brasileiras, na definição sobre as funções e habilidades específicas do profissional de comunicação, é comum o pensamento de que ele é o *resolvedor* de problemas sob todas as circunstâncias relacionadas com a redação. Muitos empresários ainda têm a idéia de que todas as questões relevantes para a comunicação interna e externa das organizações se originam no esforço e na capacidade de observação do profissional que executa tarefas de relações públicas. Essa conduta poderia refletir em uma supervalorização da técnica, embora a maioria dos casos aponte para um desconhecimento de suas implicações. É como se dissessem: "Sente aí e escreva os textos que levarão a informação para os nossos públicos". Seria bom se fosse assim, assumindo que a capacidade intelectual do profissional bastasse para os propósitos de uma organização. No entanto, na prática, a realidade é bem diferente.

Seria mais adequado supor que um trabalho de comunicação bem executado, considerando os meios escritos, depende não só da capacidade do profissional de relações públicas mas também da adequação da cultura empresarial para gerar os espaços de apuração necessários à estruturação dos textos. Sem que uma empresa esteja preparada para fornecer dados, codificá-los de maneira a permitir sua utilização por outros setores que não os próprios geradores de informação, e, principalmente, sem que essa "transparência" esteja de acordo com os próprios valores da empresa, é no mínimo arriscado depositar toda a expectativa por uma comunicação escrita eficiente nas costas do profissional responsável. Este, antes de pensar em tirar "coelhos da cartola", deve ter clareza para conscientizar empresários e profissionais da organização das necessidades inerentes ao exercício da comunicação escrita – entre as quais estão a autonomia e o foco nos resultados –, sua função, seus benefícios para o bem-estar coletivo dos funcionários, para a consolidação da imagem institucional, para a dinamização dos processos e para o melhor relacionamento da empresa com seus parceiros, fornecedores e públicos.

Igualmente importante é a compreensão, por parte dos envolvidos, de que o cotidiano da empresa é gerador de conteúdo para a comunicação escrita a todo momento. Das situações mais corriqueiras nos departamentos às decisões corporativas que transformam o ambiente, o dia-a-dia de uma organização é fonte inesgotável de informação para diferentes públicos.

A partir do momento em que há esse entendimento, podemos avançar em direção às idéias para elaboração e desenvolvimento de modalidades da comunicação escrita na empresa. Antes, é importante frisar que este capítulo pretende abordar questões de conteúdo para a redação em diferentes instrumentos, sem se deter em noções sintáticas ou semânticas. Espera-se dos profissionais, cujo desejo ou necessidade estejam relacionados com os conceitos apresentados aqui, que tenham consciência da importância de se manterem continuamente aperfeiçoando sua manipulação da língua portuguesa, estudando, lendo e redigindo com responsabilidade.

O começo: a necessidade de redigir e a busca por elementos para a comunicação

AO PROFISSIONAL DE COMUNICAÇÃO que esteve diante de uma folha de papel em branco, ou tela de computador igualmente vazia de palavras, e jamais sentiu alguma opressão na necessidade de começar a redigir um texto: que atire a primeira pedra! Mesmo entre os mais experientes redatores de diferentes áreas relacionadas com o exercício da escrita, esse sentimento de angústia por não saber exatamente a melhor maneira de começar a redação é mais do que comum e pode ocorrer com freqüência maior ou menor, dependendo da prática e da assiduidade com que produzem material escrito. No geral, o motivo é um só e está intimamente ligado ao planejamento do texto. Muitos autores já escreveram sobre a necessidade de realizar mentalmente o objetivo da redação[1], antes mesmo de apurar os elementos que vão estruturá-la. Mas, dentro de uma organização, muitas vezes a necessidade de comunicar determinado tipo de informação por si só já impõe o tema do texto e garante um início de redação sem maiores problemas.

Tomemos como exemplo a realização de um evento para funcionários. Independentemente do instrumento de comunicação a ser utilizado para perpetuar a informação, esse tema pressupõe alguns outros dados de vital importância para os objetivos propostos:

---

[1] Para outras informações sobre esta questão, ver: NUNES, Marina Martinez. *Redação em relações públicas*. Porto Alegre: Sagra-Luzzatto, 1995, cap. 1.

a data, o local, o público, a natureza do evento e o motivo. Pois então temos que esses aspectos, quando é o caso, fornecem uma rede de significados passível de ser desenvolvida à medida que o texto avança. Os mais observadores perceberão que os itens listados propõem algo semelhante à estruturação de um lide jornalístico[2]:

> **Quem** = o público
> **O quê** = o evento propriamente dito
> **Quando** = a data
> **Onde** = o local
> **Como** = a natureza do evento
> **Por quê** = o motivo

Todavia, a utilização desse tipo de construção "essencial" pode ser considerada o ponto de partida para a maioria dos gêneros de texto utilizados numa empresa. Mais adiante, discutiremos as especificidades na redação de alguns instrumentos de comunicação. Sem estabelecer regras, gostaríamos de ver essa proposta[3] mais como um ensaio de redação que se estabelece como método de apuração. Num pensamento mais amplo, talvez esse argumento crie condições para a organização de qualquer modalidade de texto empresarial.

Assim, a busca por respostas às questões essenciais da matéria provavelmente dará margem a novas formulações: conhecendo a data, qual será o horário? Se o local é determinada filial da empresa, mais especificamente em que sala, salão, auditório, departamento ou seção ocorrerá o evento? Se o personagem (quem) destacado no lide é o público, que outros personagens estão envolvidos na realização do evento? Os organizadores? Os patrocinadores? Se a

---

[2] Segundo Eduardo Martins, "o lide é a abertura da matéria. Nos textos noticiosos, deve incluir, em duas ou três frases, as informações essenciais que transmitam ao leitor um resumo completo do fato". Ver: MARTINS, Eduardo Lopes. *Manual de redação e estilo de O Estado de S. Paulo*. São Paulo: Moderna, 1997.
[3] Esta idéia surgiu com base em estudos sobre redação consoantes à análise das bibliografias mais relevantes das disciplinas de Jornalismo e Teoria Literária. Como método, pretende-se que o exercício de apuração das informações dentro da organização seja o orientador do profissional cuja função é redigir textos para a comunicação empresarial.

natureza do evento é um seminário, que outros acontecimentos estão vinculados àquela ocorrência? Alguma palestra? Alguma festa de encerramento? Haverá apresentação especial? Se o motivo é a divulgação de resultados com base no balanço social da empresa, que outros temas estão vinculados ao seminário? Há algum objetivo em torno da motivação dos funcionários?

Todas essas questões foram formuladas baseadas em uma hipótese, variável de acordo com a realidade de cada empresa. No entanto, as proposições sugerem não só um método investigativo, para reunir dados que possibilitem a criação de uma estrutura para o texto, como também maneiras de superar o estágio inicial alcançado com a definição das informações mais essenciais para o público. No começo, a dificuldade de estabelecer um rumo é superada com a organização dos principais elementos – o *lide*. Em seguida, o próprio lide aponta as direções nas quais o profissional de comunicação pode seguir para descobrir novos caminhos para a sua redação.

Suponhamos agora que o exemplo remeta a um tema como a prevenção de acidentes no ambiente de trabalho e que o objetivo seja preparar uma matéria para o *house organ* da empresa. Formuladas todas as questões para a apuração de informações sobre o tema, feitas as anotações com os dados que "respondem" às questões, é necessário perceber as relações possíveis entre estes itens, para separá-los adequadamente em subgrupos temáticos, ou tópicos frasais[4]. Esses novos elementos não necessariamente corresponderão às questões de um lide (quando, onde etc.), mas obrigatoriamente percorrerão os assuntos principais do texto.

1 Apresentação da campanha de segurança no trabalho: (a) objetivos, (b) público-alvo, (c) formas de divulgar, (d) envolvidos;
2 Valores da empresa: (a) preocupação com funcionário, (b) respeito ao meio ambiente (c) motivação;

---

[4] Tópico frasal é o que expressa de maneira sumária e sucinta a idéia-núcleo de um parágrafo. Para mais informações sobre o tema, ver: GARCIA, Othon Moacyr. *Comunicação em prosa moderna*. Rio de Janeiro: Editora FGV, 2000.

3   Medidas de segurança: (a) utilização de capacetes, luvas, óculos de proteção e outros, (b) treinamento e reciclagem para operação das máquinas, (c) respeito às normas, (d) cuidados com a saúde, mesmo fora do ambiente de trabalho;
4   Evento de lançamento: (a) palestra, (b) semana "Segurança no Trabalho".

Na elaboração da estrutura do texto, é recomendável a organização dos temas de maneira a evidenciar as relações sugeridas. Assim, temos uma estrutura pré-desenhada (Figura 1), sugerindo a redação de quatro parágrafos, hierarquicamente dispostos de 1 a 4.

FIGURA 1

É possível imaginar que o primeiro parágrafo tratará da campanha de segurança promovida pela empresa para seu público interno, discorrendo sobre os objetivos, sobre o que mudará na rotina dos funcionários dos diferentes setores dessa organização, as formas pelas quais os conceitos serão apresentados às pessoas e os envolvidos na elaboração da campanha. O parágrafo seguinte procurará demonstrar as atividades da empresa que refletem preocupação com o funcionário e valorização do elemento humano, o respeito ao meio ambiente, com o objetivo subjacente de motivar o público interno. A expressão do conteúdo da campanha de segurança estará descrita no terceiro parágrafo, no qual o texto apresentará alguns conceitos sobre proteção e utilização de equipamentos, bem como discorrerá sobre os cuidados e a máxima atenção desejável ao funcionário, no que diz respeito à educação para garantir sua integridade física e a de seus colegas. O quarto e último parágrafo fará a conclusão do texto, convidando todo o público interno a participar de um evento de lançamento da campanha, inaugurando a "Semana de Segurança no Trabalho" com uma palestra no auditório da empresa.

A exploração dos elementos enumerados fica condicionada a uma realidade reconhecível no ambiente interno de determinada organização. Com essa ressalva, pretendemos ratificar o conceito de responsabilidade na comunicação com o objetivo de evitar a possibilidade de uma empresa produzir textos que não correspondam à realidade experimentada pelo público-alvo, na esperança de que a redação possa operar a "mágica da motivação". Usualmente, nesses casos, o feitiço volta-se contra o feiticeiro: o funcionário passa a desacreditar as comunicações escritas, tornando a eficácia da redação cada vez mais discutível para os propósitos pretendidos. Portanto, de nada adianta o profissional escrever sobre a preocupação da empresa com a integridade do funcionário – como no exemplo – se isso não for reflexo de uma orientação da própria organização.

A ordenação dos temas deve seguir um princípio que permita conduzir o olhar do leitor para o entendimento pretendido pelo redator, de maneira sutil e agradável. Para isso, a elaboração da estrutura torna imprescindível a existência de um "fio condutor", ou uma concatenação lógica[5] entre os subgrupos da redação que permita ao leitor progredir no texto, como se subisse uma escada. Para chegar ao degrau mais alto, antes ele precisará saber das informações dispostas no primeiro parágrafo. Quantos forem os parágrafos até o topo da escada, eles não devem ser ordenados aleato-

---

[5] No capítulo "Qualidade do parágrafo e da frase em geral", Othon Garcia propõe a "Ordem Lógica" como item importantíssimo para garantir a coerência do texto. O autor salienta a necessidade de o redator ser capaz de reconhecer as relações de causa e efeito para ordenar o pensamento, e conseqüentemente os termos da redação. Propõe dois métodos – dedutivo e indutivo – para estruturar uma narrativa. *Op. cit.*

riamente. O redator deve pesar os prós e os contras de apresentar este ou aquele tema em primeiro lugar, deve fazer alguns ensaios antes de definir a estrutura final da redação.

E, se as correspondências entre os itens que vão compor os parágrafos – parágrafos estes que darão forma à comunicação sobre determinado tema – não estiverem muito claras, sugere-se o exercício do diagrama em forma de "teia de aranha". A mesma técnica funciona como método de apuração, de maneira semelhante ao que foi visto anteriormente.

Na prática, o tema central da redação é disposto no centro de uma folha de papel em no máximo três palavras (ignorando conjunções, preposições etc., como proposto na Figura 1). Ao redor do tema, dispõem-se os elementos do lide (ou tópicos), ligando-os por fios ao tema central – não há problema se a exploração do tema impedir a utilização de todos eles. No próximo passo, caberá ao redator procurar formular novos questionamentos que apontem os rumos com base em cada item. Se tratar das medidas de segurança no trabalho, por exemplo, ao menos quatro itens podem ser relacionados diretamente com o tema: a) utilização de equipamentos; b) treinamento e reciclagem; c) normas; e d) cuidados com a saúde (Figura 2).

FIGURA 2

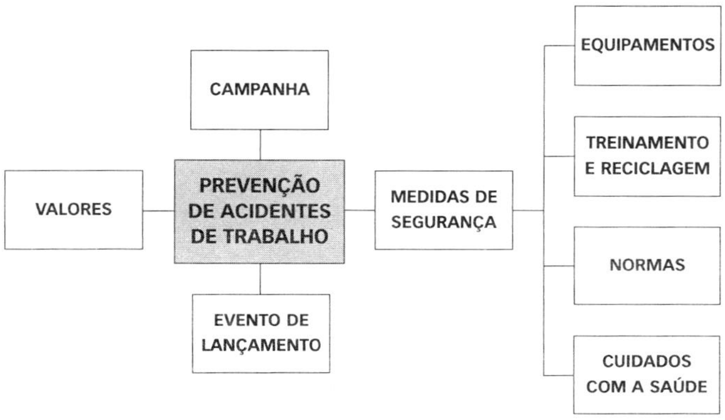

O desenvolvimento do texto prevê a expansão do diagrama, puxando novos fios que relacionem cada tópico ligado ao assunto principal. Como já foi proposto, isso se dará à medida que o redator for capaz de formular questões – e respondê-las por meio da apuração.

Mas o que norteará todo esse processo de estruturação da redação, inclusive determinando a extensão da abordagem, será sempre o conjunto de dois fatores: o objetivo de quem comunica e as especificidades de cada instrumento. A "teia" será tanto maior quanto maior for o desejo de aprofundar a extensão dos conteúdos.

Esse método também encontra referência nas áreas do conhecimento ligadas à literatura. Como conceito para a estruturação de um texto, a necessidade de perceber as relações entre os tópicos fundamentais da redação remete a estudos sobre a gênese do romance. Baseando-se na formulação de Aristóteles sobre a "fábula" – que ora adquire o significado de "história" –, vários intelectuais já trataram do tema, entre eles Todorov, Claude Bremond e Gremais. Segundo Roland Bourneuf e Réal Ouellet, "para que haja história e ela seja inteligível, tem de introduzir-se uma organização elementar neste 'agregado' de ações realizadas [...]". Mais adiante, os autores referem-se ao conceito que acompanha o redator ao longo de seu percurso: "Estas diversas células, que têm de ser religadas umas às outras para que a narrativa seja coerente, necessitam de um princípio de unidade geral que lhes assegure a progressão, o movimento, e lhes dê uma orientação: a ação"[6]. Com essa observação, revela-se a interdisciplinaridade do tema. E o desenvolvimento provável dessa proposta é a utilização do modelo da teia na construção das principais ferramentas da comunicação empresarial.

A redação para diferentes instrumentos de comunicação

A PARTIR DAÍ, teremos uma série de questões a considerar:

---

[6] Ver: BOURNEUF, Roland & OUELLET, Réal. *O universo do romance*. Coimbra: Livraria Almedina, 1976.

a a adequação ao meio utilizado – se for um instrumento de comunicação como o *house organ*, o *newsletter* ou o *folder*, ou mesmo se o texto se destinar à veiculação no sistema interno de rádio da empresa ou na página da Intranet, entre outros meios;

b o espaço disponível – novamente o meio é decisivo para tornar possível a redação, impondo limitações no tamanho das frases, na escolha das palavras e levando o redator obrigatoriamente ao estabelecimento de prioridades; o espaço para publicação/veiculação será um dos "balizadores" de importância dos assuntos de qualquer comunicação escrita;

c os interesses da organização – o aspecto fundamental, que já pôde ser considerado no lide e na iniciativa de escrever, volta a ocupar as atenções à medida que surgem outros objetivos subjacentes à informação; podemos ter outras preocupações além de simplesmente informar nossos públicos; a organização pode pretender ir além do fato, visando estimular a motivação, a integração ou mesmo disseminar seus valores perante os públicos;

d a adequação à média cultural do público – é importante notar que qualquer modalidade de redação não estabelece comunicação quando se processa de maneira aquém das capacidades do público; assim, o conhecimento prévio do controle da leitura[7], das possibilidades intelectuais e do universo cultural dos indivíduos a quem se destina a redação facilita o exercício do redator e garante uma eficácia maior.

Chega então o momento de associar os conceitos sobre a estrutura do texto às características de alguns instrumentos de comunicação. São eles o *house organ*, o sistema interno de som e o comunicado pela imprensa. A escolha se deve à diversidade desses três instrumentos, ao alcance diferenciado que possibilitam e, principalmente, aos efeitos duradouros que são capazes de garan-

---

[7] Segundo Jean Foucambert, "controlar a leitura significa obter informação sobre o questionamento inicial, discutir as estratégias de exploração, medir o caminho percorrido; significa também formular um juízo sobre o escrito". Ver: FOUCAMBERT, Jean. *A leitura em questão*. São Paulo: Artmed, 1994.

tir. Assim, abordaremos técnicas adequadas a uma ferramenta institucional de utilização interna, voltada para informação, registro e outros propósitos organizacionais, mas limitada ao hábito de leitura do público da revista. Na análise das características do texto para o rádio, há a oportunidade de reconhecer as vantagens de uma comunicação mais imediata, que exige menos esforço do público e grau de intimidade inegável. Em relação ao comunicado, é preciso considerar o potencial do veículo de comunicação de massa como perpetuador de mensagens empresariais para grandes volumes de pessoas, e seu impacto na vida da sociedade.

O *house organ*: a "vida" da empresa se mistura com os interesses do funcionário

ESSE INSTRUMENTO também é conhecido como "órgão da empresa", assumindo a forma de jornal ou revista, e se insere no grupo de publicações voltadas para o público interno, levando informação aos funcionários. A qualidade do conteúdo varia de acordo com a orientação da empresa, mas, ao menos em teoria, a maioria dos estudiosos da matéria concorda que não pode haver um desequilíbrio na seleção dos temas desse instrumento. É realmente desejável que as organizações resistam à tentação de transformá-lo em uma publicação puramente *de registro* institucional, bem como fujam aos propósitos de editá-lo visando exclusivamente produzir textos de acordo com seus únicos interesses. O público interno deve ter suas necessidades de informação atendidas pelo *house organ*, sem que ele assuma, ainda que de maneira sutil, um ideal propagandístico. É preciso percorrer assuntos relevantes para a socialização dos funcionários, para solucionar suas questões mais práticas, sendo assim uma ferramenta institucional que revele o "pensamento integrado" dos diversos segmentos dessa organização. Dependendo da política de comunicação da empresa, esses assuntos podem estar relacionados com remuneração, benefícios, estratégias administrativas, normas, metas e resultados. Temáticas voltadas para os recursos humanos, para a atuação externa da empresa — tratando de apoios e patrocínios, parcerias e diferentes tipos de negócios, relacionamento com outras empresas, governo e comunidade — podem estar no foco de quem edita o *house organ*. Esse instrumento também prevê outras possibilidades, tais como o empreendimento de campanhas de motivação e a divulgação de informações sobre saúde e eventos da empresa, entre outros exemplos.

De volta aos objetivos deste capítulo, os exemplos citados anteriormente acerca da estrutura do texto servem à experiência da redação para uma matéria do *house organ*. Pretendemos que o redator reconheça nessa modalidade a necessidade de elaborar o texto como se contasse uma história, encadeando o raciocínio e preenchendo as expectativas de seus públicos. A comunicação que se estabelece após a leitura pode ser concebida assim, com o leitor da matéria traçando pequenas expectativas focais[8] à medida que vai superando cada linha do texto. É como se ele pudesse antever a continuação da frase, do parágrafo, da matéria. E, confirmando-se ou não a expectativa, deve ficar satisfeito com a relação custo-benefício — tempo oferecido à leitura *versus* volume/qualidade de informação obtido. Dessa forma, é clara a importância da escolha de assuntos cujo interesse do público esteja consoante ao interesse da organização.

Quanto à forma da matéria, é fundamental que ela possibilite a operação de edição, ou seja, que permita ao próprio profissional responsável pelo texto ou pela publicação fazer os cortes mais adequados ao formato da publicação. No *house organ*, como em qualquer outra publicação, não pode haver descuido quanto ao equilíbrio entre o volume de texto e a programação visual. O melhor conteúdo não estabelece comunicação se o *design* da página também não parecer atraente aos olhos do leitor. Por isso, o profissional deve produzir texto com a responsabilidade de hierarquizar os tópicos, sendo capaz de cortar um ou outro, em caso de necessidade.

---

[8] Frank Smith descreve este processo de geração de expectativas focais no ato de qualquer leitura e o relaciona com o ato de planejar "intenções focais", cuja responsabilidade é de quem escreve. Ver: SMITH, Frank. *Compreendendo a leitura*. São Paulo: Artmed, 2003.

É preciso que consiga comparar a importância dos tópicos de sua redação com os demais tópicos dos conteúdos abordados pelo *house organ*. Se cabe uma dica, considerando a periodicidade do veículo, recomenda-se que conteúdos muito longos – e de importância inquestionável – ocupem o espaço (muitas vezes ineficiente) não de uma matéria enorme, mas de uma série de matérias em diferentes edições da revista. A noção de continuidade da abordagem pode ser explícita no final da matéria, fazendo que o público interessado na questão desenvolva o hábito de ler o *house organ*.

Outra questão da forma remete à maneira como as organizações se colocam quando assumem o papel de personagens, reconhecendo no tratamento a chance de transmitir conceitos nas entrelinhas do texto. Duas formas podem ser identificadas como as mais comuns à maior parte das publicações internas empresariais (não somente em *house organs*, mas em outras modalidades também). Uma diz respeito à utilização da primeira pessoa do plural ("trabalhamos", "fizemos", "alcançamos") e de pronomes possessivos de igual valor ("nosso", "nossa"). Como vantagem evidente, a redação coloca o público leitor "dentro do texto", e desse ponto de vista existe a chance de estimular uma idéia de integração no inconsciente coletivo dos funcionários da organização. A outra maneira aponta para a menção ao nome da empresa – na terceira pessoa –, privilegiando as ocorrências nas quais ela ocupa a função de agente ("A Simpson Engenharia trabalha...", "A Caixa de Surpresas produziu...", "A Ponte di Legno alcançou..."). As repetições, que no geral empobrecem a redação, aqui assumem o papel de perpetuadoras de ideais subliminares à mensagem principal do texto. No plano inconsciente, é possível que o leitor assimile de modo mais efetivo o conceito de uma empresa ativa, trabalhando para o bem-estar coletivo.

Deixando um pouco de lado a matéria e passando a observar as especificidades do editorial do *house organ*, queremos pensar que ele pode tratar de um único tema, revelando a "opinião da empresa", ou fazer um apanhado dos assuntos que serão abordados ao longo da publicação. Mesmo nessa segunda hipótese, é possível desvendar pequenas inferências de valor relativo, mas que posicionarão a organização, ainda que de maneira breve, a respeito de cada item tratado na revista. Assim, cria-se o espaço de discussão crítica, saudável para a formação de um conceito sobre a organização na qual se trabalha. Ao ler o editorial, o público interno adquire a chance de conhecer melhor os posicionamentos da empresa, compartilhá-los, discordar deles, ou antes disso satisfazer o desejo natural de entender sua existência como parte da engrenagem empresarial. Ao profissional cabe, primordialmente, reconhecer os mais fundamentais elementos formadores da cultura empresarial de uma organização, sua política de comunicação, sua orientação moral – se é uma empresa mais conservadora, se tende à modernização, entre outras – para então poder encadear o raciocínio que constituirá o editorial. Não raro, essa modalidade de texto recebe a assinatura do presidente, do diretor de comunicação e até mesmo de outros profissionais que não o próprio profissional de relações públicas incumbido da tarefa de escrever. Em cada caso, é necessário pensar sobre as vantagens e desvantagens desta rubrica.

Sistema interno de som: o rádio como solução para uma comunicação mais ágil

UMA EMPRESA do ramo farmacêutico possui mais de 600 funcionários, distribuídos fundamentalmente em três macrossetores: o chão de fábrica, o escritório e o laboratório de pesquisa. Reunindo profissionais cujas habilidades, carga horária, remuneração e características culturais divergem de forma evidente, essa companhia resolve promover uma modificação sensível nas suas estratégias de comunicação interna. Além dos instrumentos impressos e dos instrumentos de comunicação dirigida aproximativa[9], para alcançar a totalidade dos funcionários com conteúdos cujo interesse

---

[9] A comunicação dirigida aproximativa é aquela que traz os públicos para junto da organização. Isto se dá por meio de visitas, eventos – tais como palestras e convenções – e atividades afins.

coletivo seja indiscutível, essa empresa instala em suas dependências um moderno sistema interno de som.

O exemplo reflete uma realidade bastante comum à grande parte das indústrias. Mesmo empresas de pequeno porte têm encontrado no rádio a oportunidade de acelerar a propagação de informação para o público interno, diminuindo distâncias – organizações de qualquer porte podem fazer uso do recurso principalmente quando há grande dispersão de funcionários no ambiente. Com utilidade inegável para os propósitos, resta-nos abordar a questão técnica da redação para esse meio tão diferenciado dos habituais impressos de ordem institucional.

Se fosse possível caracterizar esse veículo apenas por uma palavra, escolheríamos *intimidade*. Superando a necessidade do esforço da leitura – caso das publicações – e a imobilidade prática imposta pela comunicação pelos meios visuais relacionados com a imagem televisiva, o rádio surge com incrível potencial de familiaridade na veiculação de conteúdos. Pessoas ouvem rádio em movimento, recebem informação quase como se não fosse necessário decodificá-la a partir de um sistema lingüístico – caso da leitura. E, de certa forma, atualizam sua visão de mundo na vivência de uma experiência diária, ancestral e cultural chamada oralidade. Daí, e da ausência do signo visual de qualquer natureza, observa-se a excitação à imaginação que o rádio é capaz de promover. Queremos vê-la como uma vantagem no que tange aos interesses da empresa ao se utilizar do recurso.

Ainda assim, outra característica impõe limitações ao trabalho de quem redige textos para rádio. A atenção do ouvinte tende a ser efêmera, considerando os estímulos visuais do ambiente onde está inserido no momento em que a informação radiofônica o atinge. Por essa razão, o redator deverá ser o mais claro possível, escrever com objetividade, em busca de uma comunicação eficiente e instantânea, como a situação exige. Partindo do princípio de que haverá a locução do texto, a idéia é procurar uma forma coloquial, com linguagem adequada à média cultural do público e que soe natural como uma conversa. Recomenda-se que o redator leia em voz baixa[10], enquanto escreve, para que o próprio ouvido experimente a eficiência do discurso. Para ser objetivo e reconhecer as dificuldades que a comunicação oral operaria no entendimento do ouvinte, espera-se que o profissional produza frases curtas, de uma linha e meia, ou aproximadamente 120 toques. Por outro lado, é preciso perceber que isso não resolve o caso. O texto não deve ser longo. Se a abordagem do tema diante do público interno exige o aprofundamento, talvez o rádio não seja o melhor meio de comunicação. É importante evitar que os períodos apresentem mais de uma idéia fundamental.

Existem muitos modelos de comunicação empregando o sistema interno de som – tantos que este capítulo não comportaria a descrição detalhada de cada um. De volta ao exemplo da indústria farmacêutica, imaginemos a ferramenta de informação funcionando da seguinte forma:

- numa faixa de horário predeterminada (das 11h às 15h, por exemplo), a rádio interna entra no ar reproduzindo músicas em blocos de três;
- um sinal sonoro (vinheta) anuncia a subseqüente propagação de informações do interesse do público;
- há a locução das mensagens, procurando uma unidade temática – em um bloco, conteúdos relacionados com os Recursos Humanos; em outro, destaca-se o desempenho da empresa no mercado etc.;
- encerra-se a locução com outra vinheta e então recomeça a veiculação musical.

Sem querer estabelecer um padrão inexorável, essa proposta simplificada pode representar uma boa utilização do rádio para os propósitos da comunicação dirigida dentro da empresa. No mo-

---

[10] Maria Elisa Porchat sugere que esta experiência pode ser útil também para descobrir dificuldades na combinação de certas palavras, antecipando o momento da locução. Ver: PORCHAT, Maria Elisa. *Manual de radiojornalismo "Jovem Pan"*. São Paulo: Ática, 1993.

delo descrito, a música em volume baixo cria o "pano de fundo" para despertar o interesse do funcionário, procurando dar início à interação entre público e veículo – embora nem sempre isso seja possível, considerando as especificidades de determinadas funções que exigem máxima atenção do indivíduo no trabalho; nestes casos, o rádio pode ser descartado como opção viável para o ambiente. A vinheta clama por atenção. O conteúdo é transmitido na locução e deve satisfazer parte substancial da demanda de informação do público, como já foi proposto anteriormente. Dessa maneira, é possível supor que se constituirá o hábito de parar o trabalho por alguns segundos para estabelecer comunicação.

Mas se os cuidados com a redação da mensagem não forem tomados, corre-se o risco de ela truncar o entendimento, operando efeito inverso ao pretendido. Vejamos o exemplo seguinte:

FUNCIONÁRIOS DAS LINHAS DE PRODUÇÃO 4, 9, 13 E 16
DEVEM PROCURAR O DEPARTAMENTO DE RECURSOS HUMANOS
PARA DISCUTIR O PARCELAMENTO DO ABONO SALARIAL
APROVADO PELO SINDICATO.

Feita a locução desse texto, é possível imaginar que muitos funcionários dos setores mencionados não sejam atingidos pela informação, e outros dos demais setores da empresa corram ao RH para resolver a questão. Ocorre que no rádio essa construção frasal pode causar um verdadeiro desastre, à medida que a idéia fundamental é enunciada no final da frase. Se a atenção do público é fugidia, a enumeração de itens no início da frase é no mínimo arriscada. Quando o funcionário estiver ouvindo "...procurar o Departamento de Recursos Humanos...", caso ainda não tenha se identificado com um dos setores enumerados, há grande possibilidade de já ter-se perdido em outros pensamentos. Todavia, no momento em que o locutor propuser "parcelamento do abono salarial", é bem provável que surja a dúvida sobre a aplicação da medida. Ao contrário dos instrumentos impressos, o ouvinte não tem como "reler" a informação.

Outro ponto que se observa é o tamanho um tanto quanto excessivo da frase. Superado em muito o limite aconselhável de 120 toques, a ocorrência do numeral arábico é enganosa, pois sugere que cada algarismo representa um caractere. Na verdade, o número 16, que se escreve com dois toques, se pronuncia com nove toques (dezesseis). Então, para ter uma idéia mais exata sobre o tamanho da frase e seu potencial para locução, o redator deve escrever os numerais por extenso.

Também é mais do que desejável destacar palavras cuja pronúncia seja complicada, nomes próprios de personagens da empresa (presidente, diretores, chefes de departamento, gerentes etc.) ou expressões em outra língua – que, aliás, devem ser evitadas. O grifo costuma ser a maneira mais convencional de chamar a atenção do locutor para essas ocorrências.

O comunicado pela imprensa: palavras escolhidas para atingir os melhores resultados

DETERMINADAS CIRCUNSTÂNCIAS quase obrigam uma organização a vir a público dar explicações, produzir informações de relevância para a sociedade ou simplesmente manifestar-se acerca de alguma questão de repercussão coletiva. Trata-se de um fenômeno natural, considerando as empresas como importante elemento constituidor de qualquer sociedade e, por isso, responsáveis por intensa interação em virtude de sua atuação produtiva. Não seria exagerada a proposição de que essas mesmas organizações também implementam profundas transformações sociais quando se utilizam dos veículos de comunicação de massa. Impelidas a comunicar, são capazes de alterar o entendimento dos públicos sobre os valores empresariais, sobre sua responsabilidade social, sobre a qualidade de sua produção, entre outras posturas. Pois o comunicado pela imprensa é um dos principais instrumentos capazes de promover essas mudanças.

É possível compreendê-lo como a ferramenta de comunicação dirigida que se utiliza da publicação paga, em veículos da imprensa, para divulgação de informações do interesse da organização e dos públicos com os quais ela está envolvida.

Normalmente, o posicionamento desse tipo de redação é decisivo para o sucesso de seus objetivos. Em veículos impressos, é preciso ponderar sobre o melhor caderno, a melhor página ou seção, de acordo com o conteúdo publicado, o número estimado de leitores e o próprio conteúdo do comunicado. Se ele trata da divulgação do balanço da empresa, por exemplo, talvez não seja o caso de utilizar o espaço de primeira página do caderno de Economia de um jornal diário – bastaria pensar em publicá-lo na segunda ou terceira páginas. Mas se considerarmos que muitas organizações se vêem em situação crítica perante a opinião pública, então a maior visibilidade será desejável para tentar amenizar/solucionar a questão. É o que ocorre com companhias que têm seu nome envolvido em desastres, ou mesmo com seus produtos ou serviços sob desconfiança do público, após a divulgação de algum incidente.

Consideremos a condição hipotética do fabricante de brinquedos cujo produto é feito à base de um mecanismo de molas. Essa "boneca" é vendida em larga escala no país inteiro e plenamente identificada com a marca da instituição, gozando do prestígio de "carro-chefe" da produção. Pois suponhamos que o brinquedo feriu alguns consumidores, desprendendo seu mecanismo de molas e atingindo com certa gravidade pelo menos cinco crianças, de lugares diferentes do país. Eis um caso para ser estudado à luz dos conceitos de relações públicas.

Todas as medidas cabíveis para descobrir as prováveis causas dos acidentes, para atender os consumidores prejudicados, para impedir que novas ocorrências possam surgir são tarefas imediatas do profissional de comunicação responsável pela imagem e pelas estratégias globais da organização. Mas inegavelmente há uma expectativa em relação a como a empresa pretende se posicionar perante o público. Como responder? E o que dizer?

Em primeiro lugar, a agilidade na apuração dos fatos será fundamental para a tomada de decisões igualmente rápida e uma redação bem estruturada. Os consumidores esperam isso. Mesmo assim, nessas circunstâncias é preciso alguma cautela no tom do discurso que será adotado. Caso o fabricante descubra que o motivo dos acidentes está menos relacionado com a própria atuação do que com a da empresa que produziu o mecanismo de molas – se esse fabricante de brinquedos tiver terceirizado o serviço –, então é preciso resistir à tentação de passar a culpa adiante. Nesta ou em outras situações, quando o produto ou serviço estiver relacionado com algum dano físico, que comprometa a credibilidade da organização ou a qualidade, com todos os cuidados de apurar as causas, em primeiro lugar é preciso demonstrar respeito pelas vítimas. Antes disso, essa postura deve ser autêntica, e não apenas "do comunicado para fora".

Assim, desaconselha-se para a redação de qualquer comunicado reforçar os aspectos que colocaram a organização em situação delicada. O redator precisa ser suficientemente habilidoso para começar o texto deixando claro o propósito do comunicado, porém sem mencionar explicitamente toda a extensão do ocorrido. Ele deve cuidar para que a estrutura da redação exponha os aspectos que não foram mencionados pela imprensa e ficaram desconhecidos da opinião pública. Nem sempre é fácil fazer isso em uma lauda de texto, porém o ato de informar o público pelos veículos gera uma oportunidade única de contar o caso, com os erros e acertos que porventura a organização tenha cometido, do próprio ponto de vista.

No entanto, para qualquer esforço nesse sentido – de revelar novos aspectos – deve ser evitada a utilização do fato nos primeiros parágrafos. Se a situação é delicada para a imagem da organização, pode haver um mal-entendido por parte do leitor. Há chance de o público fazer uma leitura precipitada do comunicado, prejulgando que a empresa procura "desculpas" para o incidente. Seria mais adequado, antes disso, apresentar sua preocupação com a qualidade do produto e o atendimento aos envolvidos no incidente. Tendo definido as medidas necessárias para evitar novas ocorrências, o redator poderá expor a responsabilidade da empresa evidenciando as mudanças planejadas ou já implementadas.

Outro ponto remete à necessidade de produzir um texto não muito longo, procurando escolher bem as palavras para facilitar a compreensão de públicos com formação intelectual diferenciada nas variadas localidades aonde o veículo chega. Também devem ser evitadas construções frasais *batidas*, que já estão em desuso: "Vimos por meio deste comunicado..." e outras.

Comunicação escrita: unificação do discurso ou prejuízo?

UM PLANEJAMENTO de relações públicas que tenha a preocupação de integrar os diferentes canais de comunicação da empresa com seus públicos, numa estratégia coesa, organizada e focada nas metas, terá de superar alguns obstáculos. Nem sempre a organização é capaz de perceber a importância de unificar o discurso, cuidando para que duas mensagens sejam perpetuadas em canais diferentes – o *call center* de um lado e o *release* do outro, por exemplo – sem que haja algum tipo de contradição, ou discordância de objetivos. Caberá sempre ao profissional criar essas condições, visando única e exclusivamente ao benefício coletivo e à eficácia da redação em seus propósitos.

Por essa razão é essencial enxergar a comunicação na empresa como um grande discurso, composto por muitas vozes, provenientes de diferentes setores da hierarquia da organização. Se apenas duas dessas vozes estiverem em dissonância, a posição da empresa pode ser comprometida, o público pode ficar confuso acerca de alguma decisão que transforme as relações humanas e produtivas.

Esse aspecto se aplica tanto à comunicação interna quanto à externa. Assim, a preocupação é evitar possíveis prejuízos quando, por exemplo, dois diretores assumem posições opostas em relação a alguma deliberação de repercussão interna. Igualmente arriscada é a possibilidade de diferentes representantes de uma organização manifestarem-se em contradição uns com os outros, gerando incertezas no público e criando um clima de insegurança sobre a responsabilidade em relação à informação.

Tomadas as precauções para que esses fenômenos não ocorram, e reconhecendo a importância da comunicação dirigida nas empresas, espera-se que os profissionais busquem continuamente o exercício crítico da redação como forma de atingir metas organizacionais. A expectativa ainda maior é de que o método apresentado aqui possa perpetuar novas transformações no processo criativo dos que se dedicam ao ofício da escrita como ato de valorização dos princípios e da responsabilidade nas instituições.

REFERÊNCIAS BIBLIOGRÁFICAS

BOURNEUF, Roland; OUELLETT, Réal. *O universo do romance*. Coimbra: Livraria Almedina, 1976.

FOUCAMBERT, Jean. *A leitura em questão*. São Paulo: Artmed, 1994.

GARCIA, Othon Moacyr. *Comunicação em prosa moderna*. 18. ed. Rio de Janeiro: Editora FGV, 2000.

MARTINS, Eduardo Lopes. *Manual de redação e estilo de O Estado de S. Paulo*. 3 ed. revista e ampliada. São Paulo: Moderna, 1997.

NUNES, Marina Martinez. *Redação em Relações Públicas*. Porto Alegre: Sagra-Luzzatto, 1995.

PORCHAT, Maria Elisa. *Manual de radiojornalismo "Jovem Pan"*. São Paulo: Ática, 1993.

SMITH, Frank. *Compreendendo a leitura*. São Paulo: Artmed, 2003.

CAPÍTULO 6
Pesquisa de mercado e de opinião: otimizando as oportunidades no cenário de negócios
JANETE OLIVEIRA

PENSAR EM INVESTIR em uma empresa ou mesmo mantê-la funcionando de modo eficiente se torna cada vez mais difícil. As novas exigências do público consumidor, cada vez mais consciente de seus direitos e segmentado em suas preferências, demandam uma série de "malabarismos" dos empreendedores para se manter "antenados" com esses desejos. Nesse sentido, uma ferramenta que consiga ser capaz de minimizar o custo e risco na tomada de decisão, bem como um conhecimento mais amplo dos consumidores e de outros públicos com os quais uma empresa lida diariamente, se tornam prerrogativas indispensáveis para sobrevivência no mundo dos negócios. A pesquisa de mercado e de opinião vem ocupando, com excelentes resultados, esse lugar.

Apesar de as sondagens de mercado em geral não serem exclusividade de nenhuma área de conhecimento específico, vale destacar que a pesquisa de opinião particularmente, a despeito da descrença de alguns, é uma atribuição do profissional de relações públicas[1]. Suas atividades seriam as de coordenar e orientar a sua execução. Digo a descrença porque esse tipo de sondagem é usualmente pensado apenas como um exercício matemático, quando não o é. A estatística é fundamental, sim, e um profissional desta área deve estar presente durante o processo de desenho da amostra. Mas não é na parte matemática que o profissional de relações públicas mostra sua utilidade – é, antes, na análise do problema, no seu diagnóstico, na definição da melhor estratégia para executar o

---

[1] Segundo legislação do Conselho Regional de Relações Públicas (Conrerp).

trabalho e, principalmente, na análise posterior e na execução das políticas resultantes. Uma pesquisa pode, por exemplo, dar aos implementadores de políticas de comunicação o retrato da eficácia das mídias institucionais utilizadas, bem como os pontos que precisam ser modificados para melhor atingir o seu objetivo.

Com a percepção de como se dá o processo comunicacional – a confecção, a emissão e a recepção da mensagem – fica bem mais fácil, para o profissional de pesquisa, saber qual o melhor modo de adequar a fórmula amostral a determinado público, visando reduzir ao mínimo os erros não-amostrais (erros não derivados do processo matemático da amostragem). Ou seja, o profissional de relações públicas pode contribuir muito para que se utilize ao máximo o potencial das pesquisas no ambiente institucional e de negócios, fazendo que os erros derivados de ruídos na comunicação sejam minimizados, bem como manejar de forma mais hábil o contato com o público-alvo.

A proposta deste capítulo é mostrar como a pesquisa de opinião se mostra uma excelente ferramenta para quem lida com o público – seja no ambiente mercadológico, seja no ambiente institucional –, permitindo um conhecimento do seu público, tanto interno como externo. No caso do primeiro, vamos abordar, especificamente, a pesquisa de clima interno e como esse instrumento nos possibilita verificar as atitudes e disposições dos funcionários de uma instituição quanto às políticas implementadas e aos instrumentos de comunicação. Já no caso do público externo, considerando a variedade de públicos (fornecedores, consumidores, funcionários) vamos focar somente os tipos de pesquisa que permitem conhecer melhor o cliente, a fim de fidelizá-lo ou satisfazê-lo no atendimento.

Muitas pessoas podem argumentar que o profissional de relações públicas é habilitado somente para a pesquisa de opinião, tópico coberto pela legislação. No entanto, o ferramental estatístico e os procedimentos são os mesmos para a pesquisa de mercado e, considerando que não há uma legislação que regule a área como campo de uma carreira específica, nada impede que o profissional desta área possa também atuar nesse campo.

Didaticamente, podemos dividir a pesquisa em dois tipos: qualitativa e quantitativa. Mas para qualquer uma das duas, ou até mesmo para saber qual das duas deve ser usada, alguns passos devem ser seguidos. O diagnóstico do problema é a parte mais importante, porque, para muitos clientes, é difícil expor o que desejam. É necessária uma boa dose de perspicácia para quem recebe o *briefing*; em alguns casos, é preciso extrair o problema do cliente ou até mesmo descobri-lo no processo, já que em um diagnóstico superficial podemo-nos enganar sobre onde o verdadeiro problema reside. Um diagnóstico errado resultará, com certeza, em desperdício de dinheiro e tempo, o que, talvez, não possa ser consertado ou refeito em razão de questões de oportunidade e custos. Ao se detectar qual é o foco a ser atingido, parte-se para a escolha da metodologia de pesquisa. Para efeito de estruturação, o processo que envolve a pesquisa deve levar em consideração alguns passos básicos:

Qual é o problema em questão?

AQUI ENTRAM as perguntas pertinentes às razões do estudo, ou seja, que decisões devem ser tomadas com base nele e quais as necessidades de informação, tendo em vista sempre as decisões que devem ser tomadas levando em consideração os resultados da pesquisa. Imaginemos que uma empresa desenvolva um curso de conscientização sobre um programa de responsabilidade social a ser implantado na instituição. Que instrumentos de comunicação podem ser utilizados e como eles devem ser formatados para informar sobre o programa? Qual a melhor forma de envolver os funcionários nesse projeto (eventos, seminários)? Que formato os funcionários/públicos acham mais eficiente/útil/importante?

O que o estudo pretende? O que desejamos saber para solucionar o problema?

ESSA ETAPA significa determinar quais são as informações necessárias para resolver a questão de pesquisa. Dividem-se em objetivos primários (uma visão mais geral do que se quer) e secundários (detalhamento mais pontual do objetivo primário, tais como hábitos de consumo/uso e perfil de cliente).

No exemplo dado o objetivo primário seria descobrir a melhor formatação de um programa de responsabilidade social e os melhores meios de ele se fazer conhecer e envolver os públicos com os quais a instituição tem contato. E os secundários poderiam se desdobrar em identificar o nível de conhecimento dos funcionários e fornecedores acerca do conceito de responsabilidade social, as áreas em que consideram importante a atuação da empresa, se e como gostariam de se envolver, como preferem ser informados, como isso afeta a credibilidade e a imagem institucional da empresa.

Tendo claras essas questões, as etapas seguintes — escolha do público, amostragem, coleta, análise e elaboração do relatório — desenvolvem-se com mais fluidez, porque o ponto de partida da sondagem já está claro e determinado. A pesquisa estará apta, então, a avaliar não só o programa em si, como também as formas mais adequadas de divulgá-lo.

A pesquisa quantitativa: dando voz aos números

AS PESQUISAS QUANTITATIVAS, como o próprio nome diz, são levantamentos baseados na análise de quantidade, ou seja, tiramos nossas conclusões acerca de algum fenômeno com base nas freqüências relativas das variáveis de análise escolhidas. Vejamos como Samara e Barros, analisando os usos da pesquisa, descrevem o modelo quantitativo:

> O estudo descritivo estatístico, ou pesquisa quantitativa, buscará uma análise quantitativa das relações de consumo, respondendo à questão "Quanto?" para cada objetivo do projeto de pesquisa que tenha adotado esta metodologia.[2]

---

2 SAMARA, Beatriz Santos. *Pesquisa de marketing: conceitos e metodologia*. 2. ed. São Paulo: Makron Books, 1997, p. 27.

Para cada variável que escolhermos analisar, estaremos associando uma freqüência relativa, que vai qualificá-la como mais ou menos importante na decisão a ser tomada. No exemplo da representação social, no que diz respeito ao instrumento de comunicação a ser utilizado para divulgação, escolhemos aquele que vai possuir a maior *quantidade* de respostas, tornando-se o mais significativo entre os demais. Em uma explicação muito simplificada, obviamente.

É fundamental que o profissional de comunicação corporativa conheça os fundamentos da pesquisa, incluindo aí a pesquisa quantitativa. O motivo é simples: mesmo que o profissional não tenha de produzir a pesquisa, a ferramenta em si se revela útil para a condução das ações. Haverá inevitavelmente situações em que o acompanhamento e a decisão por tal ou qual modelo de pesquisa a contratar ficarão sob sua responsabilidade. Razão mais que suficiente para que o departamento de comunicação conheça minimamente os procedimentos relativos à pesquisa. Uma questão importante, seja na "quanti" ou na "quali", é que os objetivos estejam bem claros ao se pedir uma pesquisa. Uma vez que o problema seja diagnosticado errado ou passado de forma inadequada ao instituto/profissionais de pesquisa, o estrago já está feito e refazer a pesquisa tomará mais tempo e dinheiro. Vamos supor que se queira definir o *target* de um produto para planejamento de material publicitário ou avaliar o valor agregado da marca de uma instituição ou um produto. Se o *target* estiver definido de forma equivocada, a mensagem ou estratégia de marketing com certeza não irá atingi-lo.

A pesquisa quantitativa se divide basicamente em duas: a probabilística e a não-probabilística. A probabilística, como o próprio nome diz, é aquela na qual utilizamos métodos derivados da teoria da probabilidade para escolher os elementos do universo com que iremos trabalhar de forma que a amostra colhida seja representativa do todo. Por causa disso, podemos estender os resultados encontrados na amostra para o universo da população. Essa é a função da estatística na pesquisa: fazer que uma amostra de determinada população possa evidenciar a tendência/opinião de todo o conjunto. Hoje é inviável, economicamente, fazer um censo para saber o que determinado público-alvo deseja, uma vez que a população com que se lida é numerosa e o gasto para entrevistá-la na totalidade seria muito alto. A amostragem probabilística é o tipo de pesquisa mais indicado quando se usa a quantitativa, pois com ela estamos garantindo um rigor estatístico que nos permita inferir opiniões com uma margem de acerto sobre o universo inteiro. Tomemos como exemplo o lançamento da revista *Quem Acontece*, da editora Globo, em 2001, que, por meio de pesquisas, pôde conhecer o perfil do público leitor de revistas de celebridades e então fazer o lançamento nacional da publicação, conquistando, no primeiro ano, um *market share* de 21,7%[3].

A não-probabilística, pelo contrário, não utiliza nenhum procedimento estatístico e se baseia em percepções da experiência do pesquisador e das circunstâncias da pesquisa com que se está trabalhando. Em determinados casos, quando o universo se predetermina, sem chance para a escolha aleatória, utilizamos esse tipo de método; por exemplo, quando estamos trabalhando com um grupo fechado/pequeno a quem não conhecemos. Digamos que seu cliente seja do setor bancário e forneça uma lista de clientes exclusivos solicitando uma pesquisa com *todos* eles sobre determinado pacote de serviços privativos – descontos em redes de lojas, aplicações exclusivas e vantagens especiais em viagens – relacionados com um novo cartão de crédito. Nesse caso, não há sorteio nem aleatoriedade na escolha, fala-se com todos ou com quem estiver disponível. No entanto, não podemos utilizá-la para fazer afirmações sobre o resto da população de clientes do banco, somente sobre a amostra pesquisada. Uma vez que ela não utiliza o método probabilístico estatístico, não podemos validar os seus resultados como se fossem os do universo.

As principais aplicações da pesquisa quantitativa estão relacionadas com qualquer tipo de informação que se queira do público-alvo, desde que ela não necessite de um alto nível de qualificação, ou seja, não precise de análises mais profundas de atitudes e comportamentos inconscientes. Em suma, esse tipo de pesquisa

[3] *Glamour e Firula*. Revista Marketing, n. 345, out. 2001, p. 69.

quantifica as respostas, razão por que fica difícil aplicá-las quando estamos tratando de assuntos abstratos, por exemplo, testes de conceito/produto que são novos no mercado e com os quais os consumidores não se encontram familiarizados; por essa razão, não têm como opinar sobre o que não conhecem.

Como exemplo de aplicação da pesquisa quantitativa, podemos citar um trabalho feito pelo Laboratório de Pesquisa da Faculdade de Comunicação Social da Universidade do Estado do Rio de Janeiro (FCS/Uerj). Há algum tempo o LPO realizou um estudo de mercado para a casa de *shows* Olimpo, na zona norte do Rio de Janeiro. O contratante desejava abrir a casa noturna, mas queria conhecer, antes, a viabilidade do negócio, o melhor perfil de entretenimento e o ambiente mais adequado para o local. Entrevistamos pessoas em casas noturnas na região, perguntando sobre seus hábitos de lazer à noite, bem como diversos aspectos do ambiente de uma casa noturna, além de testes de logotipos do futuro estabelecimento. Com essa pesquisa, a casa de *shows* pôde confirmar a sua viabilidade e permanecer no mercado até hoje, embora já com uma administração diferente da que nos solicitou a pesquisa.

De modo geral, a pesquisa quantitativa apresenta as seguintes aplicações:

PERFIL DE CLIENTES E/OU CONSUMIDORES
- Esse tipo de pesquisa nos permite saber o que as pessoas fazem e compram. A editora Abril sempre realiza, por intermédio da empresa *Datalistas,* um questionário anual com os assinantes de suas revistas, para saber qual o seu perfil socioeconômico e cultural. Dados pessoais como interesses profissionais e culturais, posse de bens, posse de cartões de crédito e acesso a determinados produtos e serviços são colhidos para alimentar os bancos de dados dessa empresa.

PESQUISA DE SATISFAÇÃO
- Esse outro tipo nos permite avaliar produtos e serviços por meio de escalas de satisfação. Por exemplo: quem já comprou

em *sites* como Submarino ou Lojas Americanas deve ter percebido que, ao final da compra, na tela de confirmação, existe um *banner* alaranjado ao pé da página convidando o internauta a avaliar a loja. Depois do prazo que se estipula para o recebimento da mercadoria, a *e-bit* (*site* que gerencia as pesquisas) envia uma outra pesquisa para o seu *e-mail* para saber da sua satisfação com a entrega do produto.

PESQUISAS DE *RECALL* DE ANÚNCIOS/PROPAGANDAS
- Saber o retorno que a comunicação produziu também é importante. Nesse caso, a pesquisa nos permite saber se determinado anúncio/propaganda foi memorizado pela audiência e qual o nível dessa fixação. O Banco Boavista, atual BCN, serve de exemplo de como se pode usar essa ferramenta: foi solicitado o *recall*, no município do Rio de Janeiro, de um anúncio de investimento (captação) da instituição que estaria sendo veiculado antes de determinados filmes. A agência de publicidade do banco selecionou cem cinemas no Brasil que teriam um público mais seleto e com o perfil mais aproximado dos clientes e, na saída do cinema, avaliamos se as pessoas se lembravam do comercial ou não. Com base nesse resultado, a instituição pôde avaliar se esse tipo de mídia era interessante ou não.

PESQUISAS DE DISTRIBUIÇÃO
- Outro ponto importante para marketing. Aqui a pesquisa ajuda a verificar se os canais de distribuição estão funcionando adequadamente e quais são os melhores. Com esse tipo de pesquisa posso identificar o nível de entrosamento com o varejo e melhorar o *timing* e as condições de acesso ao meu produto. Posso, por exemplo, pesquisar com varejistas se estão recebendo o produto no tempo certo, na quantidade e nas condições adequadas.

PESQUISAS DE VENDAS
- Outra aplicação importante para medir a temperatura dos negócios. Com esse tipo de estudo, podem-se analisar todos os

aspectos do processo de venda para determinar se está tudo correndo satisfatoriamente ou se precisa de algum ajuste, determinando onde ele seria necessário.

A análise de vendas é muito importante para o setor industrial, que lida constantemente com o escoamento do seu estoque e depende desse tipo de planejamento para organizar e dinamizar a produção. Por isso, existem empresas que desenvolveram técnicas e metodologias que ajudam a medir as flutuações e mapear os mercados. O instituto ACNielsen, por exemplo, se especializou em vários tipos de pesquisa ligada a vendas, como o Índice ACNielsen de Varejo. A esse respeito, podemos encontrar uma descrição no *site* do instituto:

> O momento crucial para uma marca ocorre quando o consumidor a escolhe entre as muitas outras que são oferecidas em um ponto-de-venda. Dentro desse contexto, é importante considerar que não basta somente ter um bom produto, é preciso que esse produto se encontre presente onde o consumidor o procura, que esteja bem exposto para atrair sua atenção, tenha um preço de acordo com o mercado em que atua e que o manuseio de algumas variáveis faça que se destaque entre seus concorrentes. O controle de todos esses fatores, que impactam diretamente as vendas de uma marca, é obtido por meio de informações sobre o que ocorre nos pontos-de-venda. Dentro da gama de serviços oferecidos pela ACNielsen, encontra-se o Índice ACNielsen de Varejo. A informação fornecida por este serviço refere-se ao comportamento de uma categoria de produto e a marcas que a compõem nos pontos-de-venda (comércio varejista), apresentando medições contínuas das vendas e os fatores-chaves que as impactam.[4]

A pesquisa de vendas tenta mapear todas as possíveis influências no processo de comercialização do produto, de modo que estratégias próprias possam ser desenvolvidas para as diversas fases que uma mercadoria tenha. Quando ela está sendo lançada, quando

---

[4] Disponível em: http://www.acnielsen.com.br.

está enfrentando forte concorrência, quando está com as vendas abaixo do esperado/necessário e vários outros cenários. Esse tipo de pesquisa permite ao profissional de comunicação corporativa detectar como os itens da comercialização (estoque, localização de gôndola, concorrência, embalagens, promoção, preços) do seu produto e dos concorrentes afetam o movimento de vendas. Por esse motivo, o Índice ACNielsen se constitui em uma ferramenta relevante para um número crescente de empresas, como vemos a seguir:

PRINCIPAIS BENEFÍCIOS DO ÍNDICE ACNIELSEN DE VAREJO:
- Avaliar o desempenho das marcas e dos concorrentes.
- Conhecer os pontos fortes e fracos de uma empresa e de seus concorrentes.
- Determinar a efetividade dos esforços de vendas.
- Analisar e corrigir problemas de distribuição.
- Conhecer a situação de exposição das marcas.
- Avaliar o impacto das ofertas ao consumidor.
- Medir a efetividade dos esforços promocionais nos pontos-de-venda.
- Avaliar o resultado de estratégias de preços.
- Detectar onde estão as oportunidades de crescimento.
- Avaliar as tendências de mercados e canais para diversas categorias.
- Avaliar o marketing/mix.[5]

PESQUISA DE SEGMENTAÇÃO/NICHO DE MERCADO
- A proposta aqui é determinar qual seria o segmento de mercado de um produto/serviço específico. Suponhamos que uma editora pretenda ampliar seus serviços e saber qual o segmento mais adequado. Nesse caso, ela pode fazer uma pesquisa entre todos os potenciais segmentos do mercado (editoras, escritórios públicos e privados) que utilizam serviços gráficos de relatórios até catálogos para saber em que setor seria mais vantajoso investir.

[5] Disponível em: http://www.acnielsen.com.br.

PESQUISA DE PRODUTO

- Nesse tipo de pesquisa podemos mensurar todos os aspectos de determinado produto, seja ele aceitação de preço, tipo de embalagem, imagem da marca ou qualquer outro que seja pertinente. Por exemplo, digamos que uma indústria queira pesquisar os hábitos de consumo e o mercado de água mineral. Elabora-se um questionário com as marcas compradas, perguntando sobre a embalagem preferida (volume), freqüência, local de compra, fatores de escolha e perfil de consumo. Aplicadas em pontos-de-venda no varejo, as pesquisas permitem não só traçar o perfil de consumo como também saber qual a embalagem e a marca mais vendida. Esse tipo de análise quantitativa identifica, ainda, o *market share* que a indústria possui.

Todas essas aplicações podem ser utilizadas amplamente dentro de uma perspectiva de relações públicas, já que todas as informações que se quer levantar se referem, direta ou indiretamente, ao conceito de produto/serviço ou de uma organização perante determinada população/público-alvo. E não estamos falando só de consumidores. A pesquisa quantitativa também pode ser usada com funcionários, distribuidores e fornecedores para captar problemas e avaliar os canais de comunicação, como veremos nos estudos de caso que citaremos no final do capítulo. No caso de fornecedores, podem ser feitas pesquisas de satisfação com os canais de comunicação da empresa, bem como sobre os processos de solicitação de mercadoria.

Podemos aplicá-la também a varejistas, para saber se a distribuição do produto está satisfatória. Existem muitas indústrias que, constantemente, fazem o controle do estoque e das condições de venda de seus produtos no varejo. Isso porque tanto a ausência de produto no estoque quanto de material de *merchandising* afeta a imagem da empresa/marca e pode ser decisiva na hora que um varejista ou consumidor decide trocar de fornecedor. Isso também se aplica aos materiais fornecidos pelas empresas, como *freezers*, geladeiras e maquinário de apoio em geral. É necessário que a manutenção desses equipamentos esteja sempre adequada para não causar danos aos produtos, o que poderia prejudicar a marca.

A pesquisa quantitativa é um instrumento muito útil para qualquer instituição que necessite de informações sobre seus públicos e sobre o ambiente mercadológico. Os procedimentos estatísticos podem gerar algum tipo de temor quanto à sua complexidade tanto de execução quanto de análise, mas estes se demonstram infundados quando se contrata um serviço/profissional especializado que pode orientar de modo eficiente e prático seu desenvolvimento.

A pesquisa qualitativa: apurando os ouvidos

A QUALITATIVA é um tipo específico de pesquisa que se aplica às situações em que estamos interessados não em quantificar informações, mas, sim, em entender mecanismos de comportamento e opinião. Ou seja, quando estamos interessados na *qualidade* das informações. A qualitativa é muito utilizada para o estudo comportamental em relação a determinados produtos/serviços, quando procuramos conhecer mais o *porquê* e o *como* em detrimento do *quanto*. Por esse motivo, a pesquisa qualitativa não se utiliza dos métodos estatísticos para determinar quantas pessoas serão entrevistadas. Como o método qualitativo gera muitos gastos e uma análise mais complexa, não há como fazer um número equivalente ao que se faz na quantitativa. Esta, aliás, é uma das principais críticas feitas ao método – o de não ser estatisticamente representativo e, portanto, não poder ser estendido para o universo em geral.

A despeito das críticas à metodologia, o fato é que a pesquisa qualitativa tem se mostrado muito útil na análise de problemas que envolvem tomada de decisão de compra, lançamento de novos produtos e avaliação de aspectos imateriais de determinados produtos e serviços. Quando o consumidor/cliente não tem idéia do que o entrevistador está propondo – no caso do lançamento de produtos que ainda não existem, por exemplo –, fica difícil para os consumidores formular uma resposta confiável em um questionário de quantitativa. Do mesmo jeito, quando se avalia um candidato numa eleição, muitos fatores subjetivos estão subjacentes na escolha, e uma metodologia quantitativa não dá conta de analisá-los de forma a construir um argumento mercadológico que vença possíveis barreiras psicológicas. A qualitativa é uma ferramenta excelente quando bem utilizada e pode ser aplicada, inclusive, em conjunto com a quantitativa. A "quali", nesse caso, pode ser feita antes, como uma espécie de pesquisa exploratória, quando se trata de um assunto do qual se sabe muito pouco ou nada. Serve, exatamente, para levantar quais seriam os aspectos importantes a ser considerados numa quantitativa. Ou, ao contrário, pode-se fazer uma quantitativa antes e, caso algum aspecto mais subjetivo tenha ficado obscuro, faz-se a qualitativa para torná-lo mais claro e passível de ser desmembrado para análise.

Para exemplificar, usaremos outro caso extraído da experiência do Laboratório de Pesquisa da UERJ:

POTENCIAL DE MERCADO PARA DERIVADOS DE CARNE DE RÃ

Problema: uma cooperativa de ranicultores deseja lançar no mercado um novo produto: derivados de carne de rã congelados (hambúrgueres, croquetes, *nuggets* e filé de carne *in natura*). Os produtores não dispõem de dados sobre a demanda desse tipo de produto e sua aceitação, desconhecem as características do público-alvo e suas preferências com relação às características do produto.

O objetivo da pesquisa é o de identificar a oportunidade de mercado para o produto em questão e as expectativas de comercialização.

Fase quantitativa: realizada para conhecer a proporção entre consumidores e não consumidores de carne de rã, o perfil de cada um dos segmentos e a primeira impressão sobre os novos produtos.

Fase qualitativa: idealizada para identificar hábitos alimentares em geral, atributos que causam impacto na decisão de compra de alimentos e reação diante de novos produtos alimentares, bem como explorar as possibilidades publicitárias para um lançamento.

As principais técnicas de qualitativa utilizadas são a *entrevista em profundidade*, o método *Delphi* e a *discussão em grupo* (*focus group*). Contrariamente à pesquisa quantitativa, que usa o questionário como instrumento principal de coleta de dados (basicamente com perguntas fechadas), a qualitativa possui outra ferramenta para organizar a obtenção de informações. No lugar do questionário, é elaborado um roteiro tanto para a discussão em grupo quanto para a entrevista em profundidade. Como o que nos interessa aqui são os *comos* e os *porquês,* não há necessidade de um questionário altamente estruturado e, sim, de tópicos que sigam a linha do *briefing* preestabelecido, abordando as principais variáveis de análise, para que não se perca a direção da entrevista. O roteiro da entrevista em profundidade pode ser constituído de tópicos ou perguntas – dependendo do entrevistador, isto é indiferente. De qualquer modo, esse roteiro deve contemplar todos os aspectos do problema a ser estudado. Mesmo que o entrevistado fuja do assunto em questão, o entrevistador deve se guiar pelo roteiro para ter certeza de que o respondente tenha dado sua opinião sobre tudo que nele está contido.

Normalmente, o roteiro começa com perguntas que chamamos de "aquecimento", ou seja, perguntas mais gerais de perfil (sexo, idade, escolaridade, hábitos de lazer e consumo). Como em um questionário normal, inicia-se sempre do geral para o particular e, dependendo do produto/serviço avaliado, a partir do próprio aquecimento já se pode puxar um gancho para as perguntas mais específicas. Se o roteiro preestabelecido assim o permitir, é claro. Supondo que estejamos falando de produtos naturais, podemos perguntar quais os hábitos de consumo, os produtos comprados, os fatores de escolha, se a preocupação com saúde influencia em alguma coisa. Se a resposta for afirmativa, pode-se buscar saber que produtos se compram pensando na saúde e daí por diante. Obviamente, como se está numa conversação direta, o rumo da entrevista pode mudar o tempo todo, mas com um roteiro na mão fica mais fácil não perder de vista os objetivos. A seguir colocamos um exemplo de esboço de roteiro de qualitativa:

I – AQUECIMENTO
- boas-vindas;
- esclarecimentos sobre a pesquisa;

II – PERFIL DOS PARTICIPANTES
- hábitos de lazer;
- hábitos alimentares;
- decisão de compra de alimentos;
- preocupação com a saúde;

III – PRODUTOS NATURAIS
- hábitos de consumo;
- fatores de escolha de produtos/estabelecimentos;
- expectativas em relação ao estabelecimento de venda de produtos naturais;

IV – AVALIAÇÃO DOS PRODUTOS PROPRIAMENTE DITA
- demandas em relação aos produtos no mercado;
- sensibilidade de preço;
- identificação de possibilidades publicitárias.

Quando se está trabalhando com entrevistas individuais, elas têm de ser em maior número do que quando trabalhamos com grupos, já que, no grupo, há uma interação entre os entrevistados e as opiniões fluem de forma mais natural. Individualmente, essa interação não existe e fica mais difícil obter uma sinergia com as outras pessoas que serão entrevistadas ou conseguir maior desenvoltura nas respostas. Em um grupo de discussão, as opiniões saem naturalmente no embate de idéias e o mediador apenas tem de tomar cuidado para não sair do roteiro e atingir os objetivos da pesquisa.

Outra diferença importante: para formar um grupo ou fazer entrevistas em profundidade com determinado público, é importante definir bem que perfil se deseja atingir. Como é uma pesquisa bem mais específica, com um número reduzido de pessoas a ser ouvidas, é necessário que os respondentes sejam escolhidos adequadamente. Vamos supor que queremos ouvir a opinião de um município sobre um determinado candidato a vereador. No caso de uma discussão em grupo, então, a quem devemos ouvir? Devemos formar grupos que representem classes relevantes de análise para a formação de uma estratégia de campanha: sexo, idade e classe social. Então, se formarmos dois grupos de idade (jovens e adultos) e dois grupos de classe social (A/B e C/D/E), precisaremos de oito grupos de discussão para que todos possam ser representados. Os grupos seriam:

- Um grupo de jovens do sexo feminino das classes A/B;
- Um grupo de jovens do sexo masculino das classes A/B;
- Um grupo de jovens do sexo feminino das classes C/D/E;
- Um grupo de jovens do sexo masculino das classes C/D/E;
- Um grupo de adultos do sexo feminino das classes A/B;
- Um grupo de adultos do sexo masculino das classes A/B;
- Um grupo de adultos do sexo feminino das classes C/D/E;
- Um grupo de adultos do sexo masculino das classes C/D/E.

Os grupos ideais seriam estes, mas provavelmente, por causa do custo, teríamos de reduzir o número de grupos. Esse é um problema da pesquisa quali – independentemente do método utilizado, o custo é alto se o número de grupos for grande. No caso da discussão em grupo, contudo, dependendo da pesquisa, o formato acaba, às vezes, ficando mais barato do que uma quantitativa. Normalmente, uma entrevista qualitativa dura mais de trinta minutos[6] e exige um preparo maior do entrevistador ou do mediador para conduzi-la. Conseqüentemente, o valor a ser pago é maior.

Na discussão em grupo, há outros gastos embutidos: transporte das pessoas que vão à discussão, bufê para ser servido durante a reunião (este vai depender do horário em que for feito o grupo), brindes para os entrevistados (estes variam de acordo com o perfil de público que vai à reunião) e aluguel da sala de espelhos onde

---

[6] Geralmente uma discussão em grupo dura de uma hora e meia a duas horas.

acontece a pesquisa. No caso dos brindes, podemos, se estivermos lidando com adolescentes, presentear com bonés, camisetas ou discos promocionais; se forem mulheres, podemos optar por produtos de perfumaria ou cosméticos.

Caso você contrate uma firma de recrutamento (firmas especializadas em recrutar pessoas com o perfil desejado para fazer parte de uma discussão em grupo), os custos de brindes e transporte já estarão cobertos e algumas salas de espelhos já fornecem o bufê incluso no aluguel do espaço, bem como a gravação em áudio e vídeo. Mas, normalmente, quando se contrata um instituto o preço cobrado já inclui todos esses serviços. Para quem não tem experiência na área, esta pode ser a melhor alternativa, uma vez que a qualitativa exige uma série de cuidados que podem comprometer o resultado da pesquisa e a credibilidade de quem faz. Um cuidado importante, por exemplo, que profissionais inexperientes costumam ignorar: não escolher pessoas que já tenham participado de qualitativas naquele ano. Existe um cadastro disponível para os institutos que lista os participantes de qualitativa para que eles não possam participar consecutivamente de grupos e assim comprometer a qualidade do resultado. Por esse motivo, é importante que a discussão em grupo seja elaborada por pessoas com experiência na área.

O uso de um método ou outro – discussão em grupo ou entrevista em profundidade – depende da possibilidade de reunir o perfil certo em grupos ou da necessidade de promover a interação entre os indivíduos para a análise. No primeiro caso, a escolha depende de se conseguir reunir ou não o perfil que se deseja. Pensemos na classe médica. Se quisermos fazer um estudo qualitativo com eles, considerando que são muito ocupados e talvez não possam estar todos juntos no mesmo local e na mesma hora, o ideal será optar pela entrevista *in loco*, individualmente. Mas se houver necessidade de uma interação entre os participantes para que se perceba o quanto a opinião do grupo interfere na decisão pessoal ou, ainda, que argumentos "derrubam" as posições mantidas pelos indivíduos, a discussão coletiva é a indicada.

Um método de pesquisa qualitativa no qual a interação entre os participante não importa é o *Delphi*. Essa metodologia também se aplica a um grupo com um perfil previamente definido, mas que não se comunica entre si.

> Diferentemente do Focus Group, no Delphi não há interação entre os participantes. Na verdade, um questionário é distribuído para o grupo de consumidores, que, sem qualquer comunicação verbal, fornecem respostas ao analista, que faz uma tabulação e devolve, em uma segunda rodada, as respostas obtidas e reaplica o mesmo questionário. Este processo é repetido até que as respostas encontrem um resultado em comum, até que não faça mais sentido promover novas rodadas.
>
> A tese por trás desta metodologia é a de que aquele que não conhece bem sobre o que está respondendo tende a mudar de opinião nas diferentes rodadas (em todas as etapas são repetidas as mesmas perguntas). Por outro lado, os consumidores conhecedores do assunto confirmam suas respostas com as mesmas opiniões em todas as rodadas.[7]

Esse método é muito interessante, pois permite visualizar as mudanças de opinião e medir o nível de conhecimento dos consumidores sobre o assunto. Isso possibilita o desenvolvimento de estratégias de marketing/comunicação mais eficientes. Algumas situações em que se recomenda o *Delphi*:

> Tendências de mercado; expectativas em relação a um produto que será lançado; percepções sobre políticas governamentais; possíveis desdobramentos da conjuntura econômica; futuros investimentos de concorrentes de mercado; mudança na legislação vigente que venha a impor novas regras para o mercado; simulação de cenários em mercados competitivos.[8]

Com base na visão geral desse tipo de pesquisa, apresentamos um *approach* do que seria uma pesquisa qualitativa, que é a audito-

---

[7] GARBER, Rogério. *Inteligência competitiva de mercado*. São Paulo: Madras, 2001, p. 76.
[8] *Ibidem*, p. 77.

ria de opinião pública, conforme modelo proposto por Mestieri e Melo[9]. Segundo esses profissionais, trata-se de um tipo de sondagem na qual são ouvidos mais atentamente os personagens importantes dentro e fora da empresa e pode-se analisar a interdependência dos públicos. Pode-se, também, usar a discussão em grupo quando o assunto é delicado a ponto de não fornecer informações confiáveis em uma quantitativa. Em algumas consultorias de comunicação, essa abordagem também está sendo chamada de auditoria de imagem[10] quando se ouvem vários públicos e se avalia a imagem da instituição. Outras consultorias chamam de auditoria de imagem a coleta de dados da imprensa sobre a empresa em questão – são variações de pesquisa que mostram quanto ela pode ser flexibilizada para atender às necessidades do empreendedor.

A pesquisa quantitativa é mais utilizada do que a qualitativa por duas razões principais: a diferença de custo entre uma e outra e a possibilidade de dar uma certeza estatística controlada. No entanto, dependendo do problema, a análise quantitativa, sozinha, pode não ser suficiente para solucioná-lo, porque, embora a quanti nos dê a freqüência de ocorrência dos fenômenos, nem sempre só as quantidades podem ser úteis e suficientes. Quando, por exemplo, testamos uma peça publicitária, saber quantas pessoas gostaram não é suficiente. Antes, convém saber por que gostaram e do que gostaram mais, bem como se a mensagem foi percebida de acordo com o esperado. Ou seja: quando estamos lidando com percepções, é mais adequado utilizar a pesquisa qualitativa.

COMO E ONDE USAR A PESQUISA

Depois de falarmos do básico de pesquisa, podemo-nos deter melhor no seu uso na área de comunicação corporativa e mercado-

---

[9] Mais detalhes ver: MESTIERI, Carlos Eduardo; MELO, Waltemir. "Auditoria de Opinião". In: KUNSCH, Margarida. *Obtendo resultados com relações públicas*. São Paulo: Pioneira, 1997, p. 18.
[10] Mais detalhes nos sites das consultorias S2 Comunicação Integrada, Necktar produções e EPR: Disponível em: http://www.s2.com.br/produtos/auditoria.asp; http://www.necktar producoes.hpg.ig.com.br/paginas/auditoriadeimagem/htm; http://www.epr.com.br/auditor.htm.

lógica. Cabe lembrar que o profissional de relações públicas – que usualmente cuida desses assuntos – não precisa saber "fazer" pesquisa e sim "utilizá-la" sabiamente para otimizar o seu trabalho. Como pudemos demonstrar, essa ferramenta pode ser extremamente útil no conhecimento dos públicos com que se trabalha e, a partir daí, de vários outros aspectos que interferem na escolha de produtos e conteúdos dos mais diversos. Portanto, é preciso saber como a pesquisa funciona para melhor fazer uso dela.

Uma das principais aplicações da pesquisa em relações públicas é o mapa de relacionamento com clientes. Em razão de problemas de relacionamento das várias instituições com seus diversos públicos, a sondagem é merecedora de especial interesse. Essa atitude cresce em importância à medida que a sociedade muda seus valores sociais e culturais e a efemeridade se torna uma constante. É cada vez mais difícil saber o que as pessoas pensam e, por conseguinte, prever comportamentos.

Olhando por esse prisma, a pesquisa se mostra uma ferramenta muito útil quando se trata de conhecer melhor o público com que se está trabalhando ou para o qual se deseja elaborar alguma comunicação. E, ainda, pode servir para avaliar os resultados dos projetos feitos, ajudando-os a se tornar mais efetivos, a mostrar resultados mais satisfatórios por assim dizer.

No caso de empresas públicas, a natureza dos problemas é diferente, afinal o último usuário não é um consumidor de produtos mas de serviços públicos que não são pagos diretamente, mas indiretamente, via impostos. Normalmente, o usuário desses serviços não encontra uma forma eficiente de demonstrar suas opiniões a esse respeito. Como exemplo de aplicação da pesquisa com consumidores de serviços públicos, citamos o Laboratório de Pesquisa, que prestou serviço para o Instituto Nacional do Câncer (Inca), realizando pesquisas com seus públicos interno e externo, a fim de conhecer o nível de satisfação com os serviços prestados e com os canais de comunicação. Basicamente, pesquisamos três públicos: usuários dos serviços de saúde, fornecedores de produtos e funcionários.

A pesquisa de usuários pretendia levantar o grau de satisfação dos pacientes em relação ao atendimento e ao tempo de espera, além de detectar o nível de conhecimento dos passos a ser seguidos dentro do hospital e no atendimento dado pelos funcionários. Com essas informações, seria possível observar as falhas no atendimento e saber exatamente onde atacar o problema, bem como identificar os pontos mais positivos observados pelos pacientes. A pesquisa com fornecedores, além de verificar a satisfação com o atendimento da instituição, visava checar a suficiência e eficiência também dos canais de comunicação, para que eles pudessem indicar corretamente quais os procedimentos a ser seguidos dentro da instituição. Por fim, a pesquisa com funcionários testava a eficácia dos canais de comunicação interna da própria instituição, bem como as publicações e os eventos promovidos pelo setor de comunicação.

Em empresas privadas, o uso da pesquisa é bastante amplo. Desde o *design* da embalagem até a elaboração e o *recall* da propaganda, as sondagens de mercado e opinião pública são amplamente utilizadas, uma vez que não se deseja correr riscos quando se aplicam grandes somas de dinheiro na promoção de produtos e serviços. Busca-se sempre o maior nível de precisão dos dados acerca do público-alvo, a fim de gerar uma demanda adequada ao capital investido, minimizando os riscos das decisões empresariais.

Por esse motivo, conhecer o público a quem se vende ou para quem se planeja uma comunicação é fundamental; torná-lo fiel ao produto/serviço, também. Em um mercado no qual os consumidores estão cada vez mais exigentes e "flexíveis", é necessário manter o cliente por meio de um conhecimento contínuo dos seus gostos, suas opiniões e atitudes com relação ao produto da empresa e dos concorrentes. É aqui que entra a pesquisa de fidelização/perfil. E a pesquisa é feita para saber quem é o consumidor, o que ele faz, do que ele gosta e o que lhe faz falta. Assim, esses aspectos podem ser trabalhados de forma a atender melhor o cliente/consumidor e deixá-lo satisfeito com o produto/serviço em questão. Buscam-se informações como sexo, idade, grau de instrução, classe social, patrimônio, interesses profissionais, *hobbies* e tudo mais que possa compor uma política de satisfação e fidelização do cliente. Quando estamos falando em pesquisa quantitativa, procuramos dados demográficos, mas quando se utilizam metodologias qualitativas buscamos os psicográficos. Tudo isso para alimentar um banco de dados que possa criar cenários de consumo para as estratégias de comunicação e marketing.

Embora a validade e a eficácia da pesquisa de perfil possam ser questionadas como um dado real com que se possa contar na formação de um banco de dados confiável que estabeleça estratégias de venda e/ou lançamento de produtos personalizados, deve-se atentar para alguns detalhes. Quando se faz uma pesquisa de perfil de cliente, buscam-se suas preferências, mas também seus hábitos concretos de compra/consumo durante determinado período. Em face desse problema, introduzem-se metodologias mais qualitativas ou até quantitativas como um "balão de ensaio" para os produtos/serviços a ser testados. Ou seja, experimentamos como as pessoas de fato reagiriam ao impacto de novas comunicações ou mercadorias. Vejamos o caso do *Cartão Mais* do Supermercado Pão de Açúcar: esse mecanismo serve não só para fazer um elo ou facilitar a compra dos clientes, mas ainda, como forma de pesquisar os hábitos de consumo e traçar uma tendência. Posteriormente, podem-se elaborar, de acordo com esses dados, pacotes de serviços/vantagens e/ou promoções para seus clientes.

Supondo um perfil de clientes simples, segue um questionário-base, apenas para que se visualize a lógica de construção do instrumento de coleta.

EXEMPLO – QUESTIONÁRIO PARA O PERFIL
DE LEITORES DE UMA REVISTA

Antes de o questionário efetivamente começar, temos uma apresentação escrita do entrevistador – chamada de *script* – dizendo a qual instituto ele está vinculado e explicando brevemente o objetivo da pesquisa, pedindo o consentimento do interlocutor. Além disso pode haver algumas restrições do tipo:

- não se podem entrevistar pessoas da área de marketing, propaganda, pesquisa ou comunicação;

- filtros de idade, sexo ou alguma condição especial como consumidor de determinado tipo de produto, serviço ou algum hábito específico de consumo.

Iniciando o questionário propriamente dito, introduzimos o Critério Brasil, que é a classificação atualmente utilizada para medir o poder de compra dos entrevistados substituindo o antigo ABA/Abipeme. Embora existam críticas quanto a essa classificação, solicitando a inclusão de itens como celulares ou computadores pessoais, esse critério define classes econômicas e não sociais, medindo essencialmente o poder de compra. Então, se o indivíduo possui cinco televisores ou três vídeos, isso significa que ele tem um elevado poder de consumo e, provavelmente, possui celulares ou computadores. É um critério estatisticamente construído conforme explica Ney Silva, diretor técnico da Anep:

> O Critério de Classificação Econômica Brasil tomou por base o Levantamento Socioeconômico realizado pelo Ibope. Trata-se de um estudo nacional amplo e de procedimentos rigorosos, cuja amostra probabilística envolve mais de 20 mil domicílios nas áreas urbanas e rurais de municípios com mais de 20 mil habitantes em todo o país. O LSE levanta uma série de características do domicílio e de seus moradores, incluindo a posse de dezenas de bens. É com base na análise estatística dos resultados desta pesquisa que a Anep realizou a seleção de variáveis que foram incluídas no Critério Brasil.[11]

O Critério Brasil pode ser colocado no início do questionário ou no final. Se ele for pré-requisito da pesquisa – só poder entrevistar pessoas das classes A e B, por exemplo –, então deve-se primeiro fazer a classificação para depois prosseguir com o questionário. Não sendo o caso, pode-se optar por fazê-lo no final para

---

[11] Disponível em: http://www.anep.org.br/pesquisaemfoco/dez2002/cceb.htm.

SISTEMA DE PONTOS
POSSE DE ITENS

	NÃO TEM	TEM 1	TEM 2	TEM 3	TEM 4 OU +
Televisão em cores	0	2	3	4	5
Rádio	0	1	2	3	4
Banheiro	0	2	3	4	4
Automóvel	0	2	3	4	4
Empregada mensalista	0	2	4	4	4
Aspirador de pó	0	1	1	1	1
Máquina de lavar	0	1	1	1	1
Videocassete e/ou DVD	0	2	2	2	2
Geladeira	0	2	2	2	2
Freezer (aparelho independente ou parte da geladeira dúplex)	0	1	1	1	1

GRAU DE INSTRUÇÃO DO CHEFE DE FAMÍLIA

Analfabeto / Primário incompleto	0
Primário completo / Ginasial incompleto	1
Ginasial completo / Colegial incompleto	2
Colegial completo / Superior incompleto	3
Superior completo	5

CORTES DO CRITÉRIO BRASIL

CLASSE	PONTOS	TOTAL BRASIL
A1	30-34	1
A2	25-29	5
B1	21-24	9
B2	17-20	14
C	11-16	36
D	6-10	31
E	0-5	4

Fonte: *Associação Nacional de Empresas de Pesquisa*. Disponível em http://www.anep.org.br. (junho/2003). Dados com base no Levantamento Socioeconômico – 2000 – Ibope.

evitar constrangimentos logo no início do trabalho. Ou seja, a localização da classificação no questionário só vai ser alterada se ele não for necessário de antemão para a escolha das pessoas que serão entrevistadas. Considerando que as pessoas são extremamente refratárias a dar informações sobre seus rendimentos ou bens, é interessante deixar essas perguntas para o fim do questionário, quando for possível. Assim, o entrevistado já estará confortável e confiante na pesquisa para poder respondê-la.

Observe a outra parte do questionário, em que delineamos com quem estamos falando, ou seja, nosso perfil. Em um instrumento de coleta habitual, começa-se sempre do geral para o particular, iniciando com perguntas mais gerais sobre o entrevistado.

---

1. SEXO 1. Masculino 2. Feminino

2. IDADE
1. De 14 a 19 anos   4. De 30 a 39 anos
2. De 20 a 24 anos   5. De 40 a 50 anos
3. De 25 a 29 anos   6. Mais de 50 anos

3. GRAU DE INSTRUÇÃO
1. 1º grau incompleto   4. 2º grau completo
2. 1º grau completo   5. 3º grau incompleto
3. 2º grau incompleto   6. 3º grau completo

4. ESTADO CIVIL
1. Solteiro   2. Casado
3. Desquitado/Divorciado   4. Viúvo

5. VOCÊ TEM FILHOS? 1. Sim (5.1)   2. Não (6)

6. VOCÊ TRABALHA? 1. Sim (6.1)   2. Não (7)

7. QUEM É FINANCEIRAMENTE O PRINCIPAL RESPONSÁVEL EM SUA CASA?
1. Próprio   2. Pais   3. Esposa/Marido   4. Outros:____

8. O QUE VOCÊ COSTUMA FAZER NAS HORAS DE LAZER?
1. Boate/Discoteca
2. Cinema/Teatro
3. Esportes
4. Ouvir música
5. Bares/Restaurantes
6. *Shopping*
7. Praia
8. Museu/Centro cultural
9. Ver televisão
10. Ler
11. Viagens
12. Sair com amigos
13. Outros: _____

9. NOS ÚLTIMOS DOIS ANOS VOCÊ VIAJOU:
1. Para outros estados do Brasil   2. Para o exterior

10. VOCÊ COSTUMA LER JORNAL?
1. Sim   2. Não (pular para pergunta 11)
Quais? (R3 - até 3 respostas)
A _____ B _____ C _____

11. VOCÊ COSTUMA LER REVISTA?
1. Sim   2. Não (pular para pergunta 12)
Quais? (R3 - até 3 respostas)
A _____ B _____ C _____

12. VOCÊ COSTUMA ASSISTIR À TELEVISÃO?
1. Sim   2. Não (pular para pergunta 13)
Quais? (R3 - até 3 respostas)
A _____ B _____ C _____

Podemos chamar essa primeira bateria de perguntas de classificatória, com os dados básicos dos entrevistados, bem como suas fontes de informação.

Seguimos com uma segunda bateria de perguntas mais específicas em que são abordadas questões mais focadas no interesse do cliente. Procura-se saber qual a opinião e quais os hábitos dos entrevistados com relação ao produto/serviço em estudo, bem como colhem-se sugestões sobre o que poderia ser feito para atender melhor às suas expectativas quanto à mercadoria. Assim, pode-se ter uma idéia do que o leitor pensa e deseja.

---

14. OS EXEMPLARES DE XYZ QUE VOCÊ LEU SÃO EM MAIORIA:
1. Comprados por você mesmo (pular para pergunta 15)
2. Comprados por amigos (pular para pergunta 16)
3. Comprados por parentes / Qual grau de parentesco?_____
(pular para pergunta 19)

15. VOCÊ COSTUMA TER DIFICULDADE DE ENCONTRAR XYZ NAS BANCAS?
1. Sim   2. Não

16. INCLUINDO VOCÊ, QUANTAS PESSOAS COSTUMAM LER SEU EXEMPLAR?
1. 1   2. 2   3. 3   4. 4   5. Mais de 4

17. VOCÊ COLECIONA A REVISTA XYZ?
1. Sim   2. Não

18. QUANTAS EDIÇÕES DE XYZ VOCÊ JÁ COMPROU?
1. 1   2. 2   3. 3   4. 4   5. 5   6. 6
7. 7   8. 8   9. 9   10. 10   11. Mais de 10

19. NA SUA OPINIÃO, O QUE A REVISTA XYZ TEM DE MELHOR?
_____
_____

20. NA SUA OPINIÃO, O QUE A REVISTA XYZ TEM DE PIOR?
_____

21. NA SUA OPINIÃO, O QUE FALTA NA REVISTA XYZ?
_____

22. NA SUA OPINIÃO, O QUE A REVISTA XYZ NÃO DEVERIA TER?
_____

Os entrevistados acabam se tornando mais predispostos para responder ao questionário e, mesmo sendo uma pesquisa por telefone, ela pode ser um pouco mais longa exatamente por causa dessa predisposição. Por isso, deve-se avaliar cada situação e, a partir daí, escolher qual o melhor método de coleta dos dados.

De posse dos dados colhidos pelo modelo dado, é possível saber o que a revista tem de bom e de ruim, quem a lê, se os leitores são compradores ou não e qual o poder de compra do público. Com base nessas informações, pode-se fazer um planejamento de comunicação/marketing para melhorar a revista e tornar o leitor mais fiel.

Com a formulação do questionário a nossa análise já começa. A formulação dos blocos de perguntas já faz parte do corpo de variáveis que se quer analisar. Se for importante saber de fatores que influenciam no consumo, valor de marca e poder de compra, esses aspectos têm de estar contemplados no questionário, em blocos de perguntas. Dados que se transformarão em porcentagens e vão dar forma às conclusões do relatório posterior da pesquisa.

A seguir, um pequeno resumo dos passos da pesquisa e suas principais aplicações:

TIPO DE PESQUISA	QUANDO	APLICAÇÕES
Quantitativa	Necessita-se de quantificação dos resultados para projeção de tendências de comportamento e opinião.	Pesquisa de produto, corporativa (clima interno, *recall* de campanhas), pesquisa política (intenção de voto).
Qualitativa	Necessita-se descobrir as motivações e percepções dos indivíduos para a concepção de produtos, idéias para mensagens publicitárias ou estratégias de marketing.	Pesquisa política (elaboração de material de campanha e estratégia de marketing), pesquisa de propaganda, teste de produtos em lançamento.

SÍNTESE DO PROCESSO DE PESQUISA

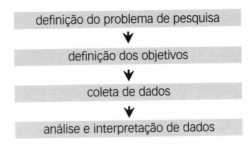

PESQUISA DE CLIMA

Outra aplicação da pesquisa é a pesquisa de clima. Recebe esse nome porque, teoricamente, mediria a temperatura do ambiente empresarial — teia de relacionamentos corporativos — dentro da instituição. Serve para saber ou testar a opinião dos funcionários da empresa quanto a determinada política ou ações que tenham sido tomadas. Há pouco mais de um ano, o LPO fez uma pesquisa de clima para a Shell do Brasil, de avaliação de uma campanha de comunicação, desenvolvida para divulgar o seu programa de identidade corporativa em todo o país. Fez-se uma pesquisa em todas as unidades na empresa, com todos os níveis de cargos, para saber se a campanha fora percebida pelos funcionários e qual tinha sido a impressão sobre ela, bem como o impacto causado sobre a imagem institucional. Algumas perguntas dessa natureza integravam o questionário: se conheciam a campanha, qual era o *slogan*, quais peças gráficas eram lembradas, qual delas comunicou melhor a mensagem, o nível de conhecimento sobre o assunto antes e depois da campanha.

Embora não seja uma pesquisa de clima completa, pois apenas mede a opinião dos funcionários a respeito de uma campanha específica, e não em relação à instituição inteira, esse estudo serve também para medir quanto os funcionários estão integrados e atentos às comunicações da empresa e quais os gargalos de relacionamento. É uma sondagem de opinião que serve para apurar um aspecto do clima da empresa.

Esta é uma típica aplicação da pesquisa no campo de relações públicas, na medida em que se buscava descobrir como os funcionários se sentiam diante das mudanças na empresa, quanto a campanhas de comunicação ou até mesmo em relação à comunicação já feita dentro da instituição. Para esses tipos de pesquisa, existem múltiplas formas de execução, dependendo sempre do objetivo a ser atingido e das ações a ser tomadas com base nos resultados. Caso seja só uma simples sondagem com efeitos informacionais, uma mala-direta ou questionários de autopreenchimento podem ser os mais indicados, principalmente por causa do seu baixo custo. Já no caso de decisões mais complexas, que envolvam um volume de investimento, deve-se optar pela entrevista quantitativa pessoal ou telefônica. Nesse caso, a pesquisa deve ser curta. Já quando envolve situações mais delicadas, que exijam um aprofundamento maior das questões, deve-se optar por uma abordagem qualitativa. O mesmo vale quando o número de entrevistas for pequeno.

No dia-a-dia, é preciso ter em mente que devemos fazer a pesquisa no menor tempo possível, com o menor custo e a maior precisão. Tentar equilibrar esses três elementos é fazer um bom trabalho de pesquisa, mas a precisão é de longe o item mais importante, mesmo que se sacrifiquem custos e tempo.

Outra dica importante é "cercar" a pesquisa ao máximo: deve-se perguntar tudo ao cliente na tomada do *briefing* para que o trabalho seja o mais detalhado possível e os dados colhidos sejam mais "instrumentalizáveis". Saber se há alguma condição para o uso do produto (faixa de renda, sexo, área geográfica), questionar tudo sobre as suas características. Convém estar sempre atento ao método escolhido ("quali" ou "quanti"), de modo a garantir que se chegue aos resultados desejados no final. A pesquisa tem de ser pensada sempre do ponto de vista da análise que vai ser feita *a posteriori*. Decisões serão tomadas baseadas nesses resultados; por isso eles devem ser, como já mencionei antes, "instrumentalizáveis" no dia-a-dia da empresa/instituição.

Muitos profissionais que lidam com comunicação corporativa recorrem a formulários de autopreenchimento para avaliações de suas publicações internas. É preciso ter cuidado com essas pesquisas porque, sendo não-probabilísticas e feitas sem rigor estatístico (aleatoriedade e respeito à proporcionalidade de setores e cargos), podem dar um falso retrato da realidade com que se está trabalhando. Esses questionários são válidos, mas deve-se fazer, antes, um bom planejamento na sua distribuição e cuidar da coleta para que seja representativa da instituição.

Considerações finais

A PESQUISA se revela útil de várias maneiras para o profissional que lida com comunicação corporativa e, pela natureza das decisões a ser tomadas, o mais adequado é que seja realizada por um profissional de RP. Quando se detecta um problema de comunicação, seja com o consumidor, um usuário de serviços ou outro público qualquer, a pesquisa deve ser considerada uma opção para ferramenta de diagnóstico, previsão e análise de comportamento.

No entanto, a pesquisa em si deve ser cercada de cuidados e atenções que vão do diagnóstico exato do problema apresentado pelo cliente a um instituto/profissional de pesquisa até a redação coerente do relatório de pesquisa. Um bom *briefing* se distingue pelo detalhamento com que descreve o problema de que estamos tratando:

- apontar bem as características do produto ou serviço (a quem esse produto atende, quais os diferenciais apresentados e as potencialidades de consumo);
- ter clareza das decisões que precisam ser tomadas com base no estudo;
- definir bem os objetivos para que possam resultar em um questionário/roteiro/instrumento de coleta realmente eficiente.

Com esses pontos devidamente claros em mente, a redação do relatório final se torna uma tarefa mais simples. O que se pretende é dar uma resposta às perguntas formuladas nos nossos objetivos primários e secundários. Assim sendo, o relatório final tem de aliar uma boa análise dos dados da pesquisa à luz dos objetivos proposto. Pensemos, por exemplo, se uma empresa pretende concretizar uma fusão e precisa saber qual o impacto dessa decisão na motivação funcional. O relatório dessa pesquisa deve apontar, objetivamente, qual a visão geral dos funcionários sobre a empresa, assim como pontos positivos, negativos, medos e incertezas. Da mesma maneira, o relatório deveria apontar formas de comunicação que possam atingi-los de modo mais eficaz e, conseqüentemente diminuir o impacto de uma notícia mais polêmica ou emocional. Para isso ele deve ser segmentado por variável analisada, seguido de uma conclusão geral que consolide e aponte a tendência observada pela variável. Sempre de forma simples e objetiva, indo direto ao assunto, pois os tomadores de decisão necessitam dessas qualidades para agilizá-las.

Por tudo isso, consideramos que a pesquisa de opinião e de mercado constituem um instrumental que não deve ser desprezado pelos profissionais de comunicação corporativa, marketing e relações públicas. Uma vez no mercado, necessitarão de dados e informações que podem ser mais bem aproveitados se as técnicas de pesquisa lhe forem familiares. A estatística não é um empecilho, pois pode-se contratar um instituto para fazer a pesquisa e cuidar das questões de amostragem. É importante, entretanto, que o profissional que solicita o estudo saiba o básico dessa área para poder discutir e argumentar sobre qual o melhor levantamento de dados para a sua empresa. Lembrando novamente que se deve procurar sempre minimizar tempo e custo, mantendo a precisão da pesquisa no maior nível possível. Equilibrar esses três fatores é o desafio de toda sondagem mercadológica. Apresentamos aqui algumas poucas aplicações da pesquisa mais conhecidas no campo de identidade corporativa, mas com a experiência várias outras serão descobertas e utilizadas.

Esperamos ter contribuído para mostrar que a pesquisa pode ser útil em vários casos para conhecer melhor o público, seja ele interno ou externo, e a instituição, seja ela pública ou privada. E que o profissional que esteja envolvido com a constituição da imagem institucional possa ter uma habilidade particular de lidar com essa ferramenta, obtendo melhores resultados por meio de uma visão ampla e humanista.

REFERÊNCIAS BIBLIOGRÁFICAS

GARBER, Rogério. *Inteligência competitiva de mercado.* São Paulo: Madras, 2001.
KUNSCH, Margarida Maria Krohling (org.). *Obtendo resultados com relações públicas.* São Paulo: Pioneira, 1997.
MATTAR, Fauze Najib. *Pesquisa de marketing.* ed. compacta. São Paulo: Atlas, 1996.
SAMARA, Beatriz Santos. *Pesquisa de marketing: conceitos e metodologia.* 2. ed. São Paulo: Makron Books, 1997.

SITES

Nestas páginas podem-se encontrar alguns tipos de pesquisa utilizados pelas empresas, e no *site* da Associação Nacional de Empresas de Pesquisa (Anep) é possível ter acesso ao código de ética do profissional de pesquisa, bem como suas regras de divulgação.
   http://www.acnielsen.com.br
   http://www.anep.gov.br
   http://www.ibope.com.br

REVISTAS
Glamour e Firula. Revista *Marketing,* n. 345, out. 2001, p. 69.

23. VOCÊ POSSUI CARTÃO DE CRÉDITO?
1. Sim
        Qual(is)?
           1. Visa   2. Mastercard   3. Amex   4. Sollo
2. Não (pular para pergunta 24)

24. VOCÊ GOSTARIA DE ASSINAR A REVISTA XYZ?
1. Sim
2. Não/Por quê? _____

Essa segunda etapa pretende avaliar os hábitos e comportamento de leitura com relação à revista XYZ. Outras perguntas podem ser acrescentadas a esse menu básico, sempre dependendo dos objetivos da pesquisa. O número de perguntas aumenta conforme a complexidade do trabalho. O instrumento de coleta deve ser o mais objetivo e, de preferência, o mais curto possível, principalmente se a pesquisa for telefônica. Falando em pesquisa telefônica, alguns cuidados:

- aumente a amostra mais do que faria no caso de entrevistas pessoais, por causa da ausência de interface;
- prefira sempre entrevistadores com mais experiência, com mais *know-how*, porque já tiveram o treinamento necessário para lidar com situações inesperadas e possuem a simpatia desejada;
- evite temas constrangedores e/ou polêmicos, em que o entrevistado tenha de responder perguntas de sua intimidade.

Porém, tudo vai depender do público com que se está trabalhando e das condições da pesquisa em si. Há circunstâncias em que essas regras podem ser quebradas. Imaginemos, por exemplo, que estamos fazendo uma pesquisa telefônica para um banco com clientes especiais, e a instituição já tomou todos os cuidados necessários para que eles estejam informados e seguros da pesquisa.

Os autores

LUCIANE LUCAS
É professora assistente da Faculdade de Comunicação Social da Uerj e consultora em gestão e comunicação empresarial. Ministra *workshops* na Fundação Getúlio Vargas (Ibre/FGV) sobre Gerenciamento de Crises Corporativas. Atua na condução de conflitos organizacionais e no uso estratégico da TI no campo de gestão e relacionamento. É co-organizadora do livro *Desafios contemporâneos em comunicação – perspectivas de relações públicas*, também publicado pela Summus Editorial. **E-mail:** llucas@uerj.br

RENATA UTCHITEL
Formada em Relações Públicas pela Uerj, com pós-graduação em Comunicação Empresarial. Foi assessora de imprensa e coordenadora de análise de mídia da SPS Comunicação, onde trabalhou por quatro anos. Atualmente é assessora de relações externas da Repsol YPF Brasil. **E-mail:** rucasado@rj.net

ANDERSON ORTIZ
Formado em Relações Públicas e Jornalismo pela Uerj, é pós-graduado em Marketing pela Fundação Getúlio Vargas. Atuou como profissional de relações públicas na Câmara de Comércio Americana e hoje responde pelo atendimento ao cliente do Clube Mediterranée. **E-mail:** anderson.ortiz@clubmed.com.br

RICARDO BENEVIDES
É Relações Públicas formado pela Faculdade de Comunicação Social da Uerj e faz mestrado em Literatura Brasileira na mesma instituição. Trabalha há dez anos no mercado de comunicação. Foi editor de Literatura da Ediouro e editor de texto da editora Paz e Terra. Atualmente atua como professor da Universidade Gama Filho e como consultor no mercado editorial, tendo prestado serviço para o Fundescola (órgão do Ministério da Educação) e para a Fundação Roberto Marinho. **E-mail:** dribene@uol.com.br

JANETE OLIVEIRA
Formada em Relações Públicas e em Economia, com pós-graduação em Pesquisa de Mercado. É coordenadora técnica do Laboratório de Pesquisa de Opinião Pública da Uerj e mestre em Comunicação pela mesma instituição. **E-mail:** jan_oliveira@uol.com.br

Leia também

ASSESSORIA DE IMPRENSA
Como fazer
Rivaldo Chinem

Livro que aborda a Assessoria de Imprensa – ou Assessoria de Comunicação –, atividade que tem passado por constantes transformações. Com visão atualizada, analisa a essência dessa atividade e enfoca aspectos da prática cotidiana com sugestões concretas, além de considerações sobre a ética e a responsabilidade da empresa e dos profissionais envolvidos. REF. 10832.

DESAFIOS CONTEMPORÂNEOS EM COMUNICAÇÃO
Perspectivas de Relações Públicas
Ricardo Ferreira Freitas, Luciane Lucas (orgs.)

Esta coletânea explora várias possibilidades na área de Relações Públicas, trazendo informações claras quanto aos novos usos de antigos instrumentos, bem como novas alternativas e contribuições para a teoria, a prática e a avaliação crítica da força política e social da área de RP. Mostra novas possibilidades de ação e atuação, discute abertamente alguns conceitos polêmicos e propõe uma reflexão sobre o conceito e a filosofia de RP. REF: 10761.

PLANEJAMENTO DE RELAÇÕES PÚBLICAS
na comunicação integrada
Margarida Maria Krohling Kunsch

No mundo moderno, o planejamento desempenha um papel decisivo nas organizações de todos os tipos. As organizações precisam atuar como sistemas abertos, criando novos sistemas de comunicação com a sociedade. Este livro mostra como o planejamento de Relações Públicas em função da comunicação integrada nas organizações pode contribuir de modo definitivo para a consolidação destas como sistemas abertos. REF. 10263.

RELAÇÕES PÚBLICAS
Processo, funções, tecnologia e estratégias
Nova edição revista e atualizada
Waldyr Gutierez Fortes

Este livro é composto de material didático elaborado com a finalidade de sistematizar o estudo básico de Relações Públicas. Seu objetivo primordial é apresentar conteúdos de forma integrada, desenvolvendo um amplo painel de possibilidades e explorando em profundidade uma série de conhecimentos fundamentais. A obra se destina a estudantes das diversas áreas que envolvam o ensino de Relações Públicas, bem como profissionais interessados em se atualizar. REF. 10775.

IMPRESSO NA
sumago gráfica editorial ltda
rua itaunã, 789   vila maria
02111-031 são paulo sp
telefax 11 **6955 5636**
sumago@terra.com.br